Huberta Kritzenberger

Medienberufe:
Der erfolgreiche Weg zum Ziel

Huberta Kritzenberger

Medienberufe: Der erfolgreiche Weg zum Ziel

Voraussetzungen, Wege, Anforderungen

Prof. Dr. Huberta Kritzenberger
Fachhochschule Stuttgart
Hochschule der Medien
Nobelstraße 10
70569 Stuttgart
E-Mail: kritzenberger@hdm-stuttgart.de

Bibliografische Information der Deutschen Bibliothek

Die Deutsche Bibliothek verzeichnet diese Publikation in der Deutschen Nationalbibliografie; detaillierte bibliografische Daten sind im Internet über <http://dnb.ddb.de> abrufbar.

ISBN-10 3-540-30907-1 Springer Berlin Heidelberg New York
ISBN-13 978-3-540-30907-9 Springer Berlin Heidelberg New York

Springer ist ein Unternehmen von Springer Science+Business Media

springer.de

Einbandgestaltung: KünkelLopka Werbeagentur, Heidelberg
Satz und Herstellung: LE-TEX Jelonek, Schmidt & Vöckler GbR, Leipzig

Gedruckt auf säurefreiem Papier 33/3100/YL – 5 4 3 2 1 0

Vorwort

Ein Medienberuf gilt heute als chic und viele haben den Wunsch, in einem Medienstudiengang zu studieren. Trotz vermehrtem Angebot an Medienstudiengängen an den Hochschulen sind die Studienplätze im Vergleich zu den Bewerberzahlen knapp. Wer also einen Studienplatz ergattern möchte, sollte wissen, worauf er sich einlässt und welche Fehler er auf keinen Fall machen sollte. Und der Weg zu einem Medienberuf ist steinig, um genügend Motivation und Durchhaltevermögen zu haben, sollte man in jedem Falle vorher wissen, worauf man sich einlässt.

Das Buch will eine Hilfestellung bieten für alle, die einen Medienberuf ergreifen möchten, dafür ein Studium brauchen und den Weg zu Ihrem Ziel nicht kennen. Das Buch verrät, welche Voraussetzungen Sie für ein Studium im Medienbereich mitbringen sollten, welche Anforderungen bestehen, um einen Studienplatz zu bekommen, welche Randbedingungen im Hinblick auf einen späteren Berufseinstieg wichtig sind und wie Sie den schwierigen Berufseinstieg schaffen können.

Dieses Buch ist für alle Rat suchenden Abiturienten, die „irgendwas mit Medien“ studieren möchten. Es ist auch gedacht für Studierende, die gerne ein Masterstudium im Medienbereich beginnen möchten oder für Quereinsteiger, die entweder im Medienbereich Fuß fassen möchten oder ihre bisherige Ausbildung durch einen akademischen Abschluss ergänzen möchten. Dieses Buch kann aber auch hilfreich sein für alle, die es mit Suchenden nach einem Medienberuf zu tun haben, beispielsweise für Personalverantwortliche in Unternehmen. Für sie sind vor allem auch die Inhalte der Studienrichtungen und die Reformen in der Hochschullandschaft interessant, die in dem Buch erläutert werden, um die Abschlüsse und Zeugnisse von Bewerbern einzuordnen.

Beachten Sie dieses Zeichen ◙. Es verweist auf Checklisten und Fragenkataloge, die Sie durcharbeiten können. Sie können sich über Situationen klar werden und bekommen Material an die Hand, um sich Ziele zu stecken und damit spätere Herausforderungen bewältigen zu können.

Ein Buch von diesem Umfang kann nicht vollständig und umfassend über alle Medienstudiengänge und die damit verbundenen Berufsfelder informieren. Es wurde deshalb versucht, in der großen Vielfalt eine Linie zu finden. Dies ist umso schwieriger, als sich die Hochschullandschaft und damit die angebotenen Studiengänge und Studienabschlüsse sehr verändert haben und noch in Veränderung begriffen sind. Es entstehen ständig neue Studiengänge und alte Studiengänge werden im Zuge der Umstellung auf die neuen Abschlüsse Bachelor und Master zwangsläufig an die veränderte Studiendauer und die veränderten Studienbedingungen und sich wandelnde Anforderungen der Unternehmen angepasst. Da sich die Hochschullandschaft durch Reformprozesse, Straffung von Studiengängen und größere Praxisanteile in den Studiengängen verändert hat, waren auch Studien- und Prüfungsordnungen sowie Modulhandbücher Recherchegrundlagen für Inhalte dieses Buches.

Nicht nur die Hochschulen, sondern auch die Medienbranche ist noch im Umbruch. Dies ist teilweise durch neue Entwicklungen der alles durchdringenden Digitalisierung der Medien bedingt, teilweise durch die Einbrüche, welche die Medienbranche in den letzten Jahren erlebt hat. Diese Situation macht den Einstieg für Berufsanfänger nicht einfacher. Wir haben deshalb Personalleiter von Medienunternehmen interviewt und sie gefragt, worauf sie bei Bewerbungen achten, wie sie mit Bewerbungen von Studienanfängern umgehen und was Studienanfänger am besten bereits während ihres Studiums beachten sollten.

Zum Schluss dieses Vorworts möchte ich allen danken, die zur Entstehung und zu den Inhalten dieses Buches beigetragen haben und in dieser Zeit viel Geduld mit mir hatten. Mein besonderer Dank gilt der Medienautorin Sandra Schaefer für die Mithilfe bei der Recherche zu Anforderungen und Inhalten von Medienstudiengängen. Mein besonderer Dank gilt auch den Medienautorinnen Nina Kathrin Kunz und Alexandra Steinert für die Konzeption und Durchführung von Interviews mit Personalleitern von Medienunternehmen.

Stuttgart, im August 2006 *Huberta Kritzenberger*

Inhaltsverzeichnis

1 „Irgendwas mit Medien studieren" – aber was?

Die beruflichen Betätigungsfelder in der Medien- und Kommunikationsbranche sind vielfältig und bei mehreren hundert Medienberufen, die es gibt, sehr unübersichtlich.

Ich will „irgendwas mit Medien studieren" – so lautet häufig der Eingangssatz vieler, die in einem Medienstudiengang landen. Dieses Buch soll ein wenig dabei helfen, dieses Problem systematisch anzugehen und dann eine Lösung zu finden. In diesem Buch wird allerdings nur die Frage nach einem Studium behandelt. Es wird nicht eingegangen auf die vielen Ausbildungsberufe, die es ebenfalls im Zusammenhang mit Medienberufen gibt.

Die wirtschaftliche Lage in den einzelnen Medienbereichen ist durchaus unterschiedlich und in manchen Bereichen steigt die Nachfrage nach Hochschulabsolventen, z. B. in der Öffentlichkeitsarbeit und in der Werbung. Trotz dieser positiven Entwicklung steigt nicht unbedingt die Zahl der freien Festanstellungen. Viele Medienunternehmen, wie beispielsweise Agenturen, arbeiten mit einem Stab von freien Mitarbeitern, sog. „Freelancern", die bei entsprechender Auftragslage des Unternehmens für Projekte herangezogen werden. Die Medienbranche ist hart. Und gerade Einsteiger können kaum sofort mit einer Festanstellung rechnen. Vielmehr ist Flexibilität für die Arbeit in verschiedenen Projekten und mit verschiedenen Kollegen in wechselnden Teams gefragt. Dazu gehört auch die Bereitschaft umzuziehen und auch kurzfristig in anderen Zusammenhängen und Jobs zu arbeiten.

Da der Weg in die Medienbranche und auch die berufliche Tätigkeit in der Medienbranche steinig sind, sollten Sie möglichst frühzeitig realistische Vorstellungen von der Arbeit und von den Arbeitsbedingungen entwickeln.

1.1 Was will ich? – Was kann ich?

Für viele steht am Anfang eines Medienstudiums „Irgendwas mit Medien studieren“. Danach sollten die Fragen kommen „Aber was kommt für mich persönlich in Frage?“ und „Wie ist der Weg, um eine Entscheidung treffen zu können?“.

Am Anfang des Entscheidungsprozesses muss zunächst einmal jeder für sich selber die Fragen beantworten: „Was will ich?“ und „Was kann ich?“. Es ist ratsam, diese beiden Fragen so ehrlich wie nur irgend möglich zu beantworten.

Was man gerne möchte und was man tatsächlich kann, das muss nicht immer übereinstimmen. Beides kann durchaus im Widerspruch zueinander stehen. Vor allem bei der Frage „Was kann ich?“ sollte man deshalb besonders ehrlich sein und seine Stärken und Schwächen so ehrlich wie möglich herausarbeiten. Am besten eine Liste machen!

„Was will ich?“ und „Was kann ich?“. Dies sind die Fragen nach den persönlichen Interessen und Fähigkeiten. Warum sind Sie überzeugt, dass ein Medienberuf für Sie besser ist als jede andere Tätigkeit? Der Weg zu einem Medienberuf ist lang und beschwerlich und die Konkurrenz- und Arbeitsbedingungen sind hart.

Deshalb brauchen Sie eine tragfähige Motivation, um Ihr Ziel zu erreichen.

- Welche Anhaltspunkte, Interessen, Beschäftigungen gibt es in Ihrer Freizeit, die Ihr Interesse für bestimmte Medien belegen? Machen Sie eine Liste der aktiven Tätigkeiten, die in Ihrer Freizeit mit Medien zu tun haben, z. B. Sie sind viel mit Fotoapparat oder Videokamera unterwegs, Sie machen gerne Musik, Sie schreiben für eine Schülerzeitung. Sind Sie ein intensiver Medienkonsument und nehmen Stellung zu den Medienprodukten, z. B. Sie fanden das neu präsentierte Fernsehformat neulich im Fernsehen ziemlich schlecht und sind der Meinung, die Handlung oder Moderation müsste an bestimmten Stellen verbessert werden. Gibt es vielleicht auch bestimmte Medienbereiche, die Sie besonders interessieren, z. B. Sie freuen sich immer dienstags auf die Reportage auf Ihrem Lieblingssender. Hätten Sie Ideen, welche Themen man dort unbedingt behandeln sollte?

- Welche Kenntnisse und Fähigkeiten haben Sie, die für eine bestimmte Tätigkeit in den Medien von Nutzen sein können? Machen Sie eine Liste! Beispiele:
  Ich kann unter Zeitdruck arbeiten.
  Ich kann gut organisieren.
  Ich kann gut mit anderen im Team zusammenarbeiten.
  Ich mache meine Arbeit immer zu Ende.
- Wie stellen Sie sich Ihre spätere Berufstätigkeit vor? Welche Phasen oder Bereiche möchten Sie bei dieser Arbeit übernehmen (z. B. bei einer Medienproduktion)? Wie sieht Ihr Arbeitsplatz aus? Beispiele: Konzepte entwickeln, Bilder aufnehmen, Töne produzieren, Kosten ausrechnen usw.
- Welche Voraussetzungen, Bedingungen, Umgebung brauchen Sie, um gut arbeiten zu können und sich wohl zu fühlen? Ständig wechselnde Projekte in wechselnden Teams und Unternehmen. Oder vielleicht eher ein gut eingearbeitetes Team, mit dem Sie länger zusammen arbeiten können.

◙

Verwenden Sie diese Fragen als Leitfragen, um Ihre eigenen Fähigkeiten und Interessen zu erforschen. Legen Sie eine Liste an. Und diskutieren Sie die Ergebnisse mit Menschen, die Sie gut kennen.

Die Entscheidung für ein Hochschulstudium stellt die Weichen für die Wahl eines späteren Berufes. Damit ist eine wichtige Entscheidung für den weiteren Lebensweg getroffen. Sie sollte deshalb besonders gut und sorgfältig bedacht werden.

Wichtige Entscheidungskriterien sind

- persönliche Interessen (was will ich?)
- persönliche Fähigkeiten (was kann ich?)
- künftige Berufsaussichten.

Diese Kriterien sollten gut überdacht und in die Entscheidung für ein bestimmtes Studium miteinbezogen werden.

1.2 Habe ich eine Medienaffinität?

Am Anfang des Entscheidungsprozesses zu „Irgendwas mit Medien studieren" sollten Sie sich auch die Frage stellen, warum möchte ich eigentlich gerade ein Medienstudium beginnen und später in einem Medienberuf tätig sein.

Medienaffinität bedeutet, dass man eine Beziehung zu Medien hat und dies auch zeigen und erklären kann. Wie man also zu Medien steht und wie man zu dem Wunsch nach einem Medienstudium kommt, sollten Sie erklären können. Sie werden dies mit ziemlicher Sicherheit erklären müssen, wenn Sie tatsächlich einen der begehrten Studienplätze ergattern wollen. Sie sollten schlüssig darlegen können, woher der Wunsch kommt, warum Sie ihn haben und welche Erfahrungen Sie in Bezug auf die Arbeit im Medienbereich bereits gemacht haben, die diesen Wunsch bestärkt haben.

Bei dem Nachdenken über die eigene Medienaffinität kann der folgende Fragenkatalog hilfreich sein:

- Bin ich in meiner Entscheidung beeinflusst, weil es chic ist „was mit Medien zu studieren"? – Hänge ich also einer Mode nach?
- Wann habe ich zum ersten Mal den Wunsch verspürt, später einen Medienberuf zu ergreifen?
- Habe ich Vorstellungen von einem bestimmten Medienberuf, den ich gerne ergreifen würde?
- Wie stelle ich mir konkret meine spätere Tätigkeit vor?
- Inwieweit stimmen meine Vorstellungen mit der Realität überein?
- Aus welcher Informationsquelle habe ich eigentlich je etwas über die angestrebte Tätigkeit in den Medien erfahren? Wie zuverlässig ist diese Quelle – kann ich mich auf die Realitätsnähe dieser Informationen verlassen? Oder weiß ich nicht wirklich

etwas über den angestrebten Beruf und hänge stattdessen an meinen Phantasie- und Wunschvorstellungen, die ich aber für die Wirklichkeit halte?

- Welche Erfahrungen habe ich in meinem Leben bislang mit Medien gemacht? – War dies eher Konsum und Freizeit oder habe ich bereits an der Gestaltung von Medien bzw. Medieninhalten mitgearbeitet?

◙

Verwenden Sie diese Fragen als Leitfragen, um Ihre eigenen Fähigkeiten und Interessen zu erforschen. Legen Sie eine Liste an. Und diskutieren Sie die Ergebnisse mit Menschen, die Sie gut kennen.

1.3 Bildungswege: Ausbildung, Fachhochschule oder Universität

Die sorgfältige Wahl des geeigneten Ausbildungsweges für eine angestrebte Tätigkeit in der Medienbranche zahlt sich in mehrfacher Hinsicht aus. Erstens erhöht sich die Chance, später die gewünschte Qualifikation für den Wunschberuf vorweisen zu können. Zweitens studiert jemand, der ein Ziel verfolgt – also weiß, was er oder sie hinterher mit dem Studium anfangen will – viel zielstrebiger und damit normalerweise auch erfolgreicher.

Manch einer stellt sich die grundlegende Frage: Soll ich überhaupt studieren oder ist eine Berufsausbildung besser für mich? Diese Frage lässt sich nicht so einfach und pauschal beantworten. Wer vielleicht schon ein bestimmtes Berufsziel im Auge hat, wird sich sicherlich genau nach den Voraussetzungen und nach den benötigten Qualifikationsanforderungen dafür erkundigen und seine Entscheidung für oder gegen ein Studium davon abhängig machen. Wer allerdings das Berufsziel noch nicht so deutlich vor Augen hat, ist bei einer vorliegenden Hochschulreife in jedem Fall mit einem Studium gut beraten.

Wer die Entscheidung für ein Studium getroffen hat, wird sofort vor weitere Entscheidungen gestellt. Soll ich an einer Universität oder an einer Fachhochschule studieren?

Außer den Universitäten und Fachhochschulen gibt es unterschiedliche Institutionen, die vergleichbare Ausbildungen anbieten: privatwirtschaftlich geführte Akademien, Berufsakademien, Journalistenschulen oder Filmhochschulen. Damit verbunden ist häufig auch die Frage, ob eine solche Institution bzw. Hochschule vielleicht eine bessere Ausbildung und damit bessere Berufschancen eröffnet?

Es ist allerdings nicht unbedingt so, dass diese Institutionen zu gleichen Studiengängen an Universitäten oder Fachhochschulen in Konkurrenz stehen. Vielmehr ist es häufig so, dass diese Institutionen Ausbildungswege anbieten, die in der gleichen Weise von einer staatlichen Universität oder Fachhochschule nicht angeboten werden. In diesem Falle bleibt dann bei einem bestimmten Berufswunsch keine andere Wahl. Allerdings kann es sein, dass hohe Studiengebühren anfallen. Mehrere tausend Euro sind dabei keine Seltenheit. Es kann auch sein, dass eine privatwirtschaftlich geführte Einrichtung einen engen Bezug zu bestimmten Firmen hat. Dies kann dann bedeuten, dass eben gerade mit diesen Unternehmen in der Ausbildung eng kooperiert wird – bis hin zu den Studieninhalten.

Grundsätzlich ist die Hochschullandschaft in Deutschland vielgestaltig. Unterschiedliche Arten von Hochschulen bieten differenzierte Ausbildungsprofile, inhaltliche Schwerpunkte und Abschlussmöglichkeiten. Die verschiedenen existierenden Hochschultypen resultieren aus den unterschiedlichen Aufgabenfeldern. Zu nennen sind im Wesentlichen Universitäten und Technische Universitäten/Hochschulen, Kunst- und Musikhochschulen, Fachhochschulen und Fachhochschulen für öffentliche Verwaltung. An Universitäten und Technischen Universitäten werden meist Theologie, Geisteswissenschaften, Rechtswissenschaften, Wirtschaftswissenschaften, Sozialwissenschaften, Medizin, Naturwissenschaften, Ingenieurwissenschaften und die verschiedenen Lehrämter angeboten.

Kunst- und Musikhochschulen sind den Universitäten und Technischen Universitäten und den dortigen Studienbedingungen sehr ähnlich. Ihr Ausbildungsschwerpunkt liegt allerdings in den bildenden, gestalterischen und darstellenden Künsten bzw. in musikalischen Fächern.

Grundsätzlich gilt: Fachhochschulen haben häufig einen stärkeren Praxisbezug als Universitäten. Hier sollen Studierende auf Tätigkeiten vorbereitet werden, die die Anwendung wissenschaftlicher Erkenntnisse und Methoden erfordern. Dementsprechend ist das Studium an einer Fachhochschule meist stärker als an einer Universität durch einen festen Stundenplan gegliedert und konzentriert sich auf ein Fachgebiet. Oft ist mit diesem stärkeren Praxisbezug auch die Tatsache verbunden, dass ein Praktikum vor oder während des Studiums abgeleistet werden muss und dass Arbeitsmittel und ein geeignetes Arbeitsumfeld (z. B. Lehrredaktion, Projektarbeit etc.) vorhanden sind. Damit ist sicherlich eine stärkere Ausrichtung auf ein späteres Berufsfeld und vielleicht sogar auf eine spätere Berufstätigkeit gegeben.

Dafür sind Universitäten mehr auf Theorie und Wissenschaftlichkeit ausgerichtet. Ob das eine oder andere für jemanden besser ist, muss jeder selber mit der nötigen Ehrlichkeit entscheiden. Dementsprechend bietet das Studium meist auch mehr Möglichkeiten der individuellen Gestaltung und vielseitige berufliche Möglichkeiten nach dem Abschluss.

2 Der Weg zu einem Studienplatz

Wenn Sie sich in einem langen und hoffentlich gründlichen Entscheidungsprozess für einen Studiengang und eine Hochschule entschieden haben, dann folgt die nächste Hürde. Sie müssen sich für diesen Studienplatz bewerben und das Bewerbungs- und Aufnahmeverfahren durchlaufen.

In den folgenden Kapiteln erfahren Sie, wie Sie vorgehen und was Sie in Medienstudiengängen an deutschen Hochschulen erwarten wird.

2.1 Das Bewerbungsverfahren

Um an einer Hochschule studieren zu können, müssen Sie sich zunächst an der von Ihnen ausgesuchten Hochschule für den betreffenden Studiengang bewerben. Näheres über die Bewerbungsmodalitäten und Zulassungsvoraussetzungen erfahren Sie direkt bei der jeweiligen Hochschule.

Studienplätze in Medienstudiengängen sind begehrt. Da nahezu alle Studiengänge weit mehr Bewerber als freie Plätze haben, gibt es Aufnahmebeschränkungen. In vielen Medienstudiengängen existiert ein Numerus Clausus (NC). Der NC ist normalerweise hochschulintern und verändert sich in jeder Bewerberrunde, weil er abhängig ist von den Noten der besten Studienplatzbewerber in der jeweiligen Bewerbungsrunde.

Die Studienplätze in Medienstudiengängen an Universitäten und Fachhochschulen werden allerdings grundsätzlich nicht über die Zentralstelle für die Vergabe von Studienplätzen (ZVS in Dortmund), sondern über die Hochschulen selbst vergeben. Dennoch orientieren sich die Universitäten und Fachhochschulen zumindest für die Bachelorstudiengänge am allgemeinen Aufnahmeverfahren der ZVS, bei dem die Abiturnote und die Anzahl der Wartesemester über die Aufnahme entscheidet. Oftmals werden die Studienplätze nach festen Quoten vergeben, häufig im Verhältnis von 60% nach Qualifikation (Abiturnote) und 40% nach Wartezeit. Dies ist aber nicht verbindlich und kann im Einzelfall auch in einem anderen Verhältnis festgelegt werden. Genaueres dazu findet man in der hochschulinternen Satzung für den jeweiligen Studiengang. In der Regel gibt es weitere Quoten für Nicht-EU-Ausländer und Härtefälle.

Es empfiehlt sich auf jeden Fall, vor einer Bewerbung nach dem NC des Vorjahres und der Zahl der Wartesemester zu fragen. So kann man entscheiden, ob für einen persönlich eine Bewerbung eine Chance haben kann.

In einigen Medienstudiengängen wird darüber hinaus ein Vorpraktikum (auch Fachpraktikum genannt) oder ein Nachweis über bestimmte vorausgegangene Berufstätigkeit in einem relevanten Arbeitsbereich gefordert.

Grundlegende Aufnahmebedingung für ein Studium ist natürlich die Allgemeine Hochschulreife für Universitäten und mindestens die (Fach-)Hochschulreife für Fachhochschulen. Allerdings spiegelt diese formale Qualifikation nur einen begrenzten Ausschnitt der Fähigkeiten und Fertigkeiten der Bewerber wider. Viele Hochschulen verschaffen sich deshalb durch ein zusätzliches Auswahlverfahren ein detailliertes Bild über die Eignung der Bewerberin bzw. des Bewerbers für den betreffenden Studiengang.

Die meisten Universitäten und Fachhochschulen wählen einen großen Teil ihrer Studierenden für Medienstudiengänge deshalb in einem mehrstufigen Auswahlverfahren, häufig gekoppelt mit einem Eignungstest aus. Gängig ist ein 2-stufiges Auswahlverfahren. Das Auswahlverfahren dient dazu, die Bewerberinnen und

Bewerber hinsichtlich ihrer fachspezifischen Studieneignung und ihrer Studienmotivation in eine Rangfolge zu bringen.

2.1.1 Stufe 1: Vorauswahl

In der ersten Stufe ist normalerweise eine umfangreiche schriftliche Bewerbung einzureichen. Anhand der eingereichten Bewerbungsunterlagen findet eine Vorauswahl statt.

In den Auswahlverfahren können aus rechtlichen Gründen nur vollständige Bewerbungsunterlagen berücksichtigt werden. Achten Sie deshalb auf vollständige Bewerbungsunterlagen. Nachreichungen von Unterlagen sind kaum bis gar nicht möglich. Damit die Bewerbung berücksichtigt wird, muss diese die folgenden Unterlagen enthalten:

- Den Antrag auf Teilnahme am Zulassungsverfahren und auf eine Zulassung zum Studium.
- Ein Passfoto.
- Ein Bewerbungsschreiben, aus dem Ihre Beweggründe für die Bewerbung hervorgehen und in dem Sie Ihre Berufsvorstellungen erläutern. Dieses Schreiben wird häufig auch Motivationsschreiben genannt.
- Einen tabellarischen Lebenslauf.
- Einen Bildungsbericht, der Ihren bisherigen schulischen und beruflichen Werdegang im Hinblick auf das Studium und den angestrebten Beruf beschreibt und kommentiert. Versuchen Sie möglichst gut, Ihre Affinität zum Studiengang aus Ihren bisherigen Erfahrungen herzuleiten. Auch persönliche Erfahrungen, außerschulische bzw. außerberufliche Aktivitäten und Hobbys können Sie hier nennen. (Wenn Sie das erste Kapitel dieses Buches durchgearbeitet haben, dann können Sie hierauf sicherlich eine gute und glaubwürdige Antwort geben.)
- Eine beglaubigte Kopie des Reifezeugnisses. Wichtig: Bei Bewerbungen für Bachelorstudiengänge kann es sein, dass in manchen Bundesländern erst später die Reifezeugnisse ausgegeben werden. Dann werden in der Regel die Halbjahreszeugnisse eingereicht und das Abiturzeugnis nachgereicht. Sie sollten aber in jedem Fall das Problem deutlich machen.

- In einigen Studiengängen wird der Nachweis eines bestimmten Praktikums vor Studienbeginn verlangt. Dabei sind je nach Studienfach unterschiedliche Regelungen über die Dauer des Praktikums (von 12 Wochen bis 1 Jahr) möglich. Ziel eines solchen Fachpraktikums ist es, die Studierenden mit Tätigkeiten in einem für Absolventen des Studiengangs typischen Arbeitsfeld vertraut zu machen. Dadurch können auch viele unzutreffende Vorstellungen über die spätere Berufstätigkeit ausgeräumt werden.
- In manchen Studiengängen wird zusätzlich eine Mappe mit eigenen Arbeiten gefordert – häufiger als bei den Bachelorstudiengängen ist dies bei den Masterstudiengängen der Fall. Die Hochschule gibt vor, ob es sich bei den eigenen Arbeiten um von Ihnen ausgewählte Arbeitsproben aus Ihren früheren Arbeiten handelt, oder ob eine eigene Hausaufgabe gefordert ist. Die Arbeitsproben sind in der Regel auf eine bestimmte Anzahl (z. B. 15–30 Arbeitsproben Ihrer Wahl) beschränkt. Wird eine Hausaufgabe gefordert, dann bedeutet dies, dass Sie ein bestimmtes Thema unter Umständen nach bestimmten Rahmenbedingungen bearbeiten müssen. Das Thema muss meist schriftlich per E-Mail bei dem zuständigen Ansprechpartner der Hochschule bzw. des betreffenden Studiengangs angefordert werden. Dies sollte man rechtzeitig tun, da in der Regel nur eine bestimmte Bearbeitungszeit zur Verfügung steht.

Beginnen Sie frühzeitig und planen Sie für die Erstellung Ihrer Bewerbungsunterlagen genügend Zeit ein. Vielleicht müssen Sie noch Unterlagen von der Hochschule anfordern, die Sie ausfüllen müssen, oder Sie brauchen noch eine Beglaubigung Ihrer Zeugnisse, oder vielleicht haben Sie an einer ausländischen Hochschule studiert und müssen Ihr Zeugnis noch bei der zuständigen Stelle übersetzen lassen usw.

Sie müssen in jedem Falle die Bewerbungsfristen einhalten. Diese sind für das Sommersemester normalerweise der 15. November und für das Wintersemester der 15. Juli. Individuelle Verlängerungen gibt es nicht. Einige Studiengänge nehmen allerdings nur einmal, und zwar entweder zum Sommer- oder zum Wintersemester Studierende auf. Die Termine können aber auch anders festgelegt werden und deshalb sollten Sie auf jeden Fall auf der Homepage der Hochschule bzw. des betreffenden Studiengangs nachsehen. Für Aufnahmetests, Eignungsfeststellungsverfahren usw. gelten noch gesonderte Termine, die von der Hochschule den Bewerbern bekannt gegeben werden.

Der genannte Termin ist nicht der Absendetermin bzw. Poststempel, sondern der Termin des Posteingangs. D. h., die Hochschule macht auf die eingegangenen Unterlagen ihren eigenen Eingangsstempel. Die Unterlagen müssen also bis zum genannten Termin bei der Hochschule eingegangen sein. Wenn Sie die Unterlagen also kurz vor Torschluss abgeben, sollten Sie – wenn möglich – die Unterlagen selbst bei der Hochschule abgeben, um sicher zu gehen, dass sie rechtzeitig angekommen sind.

Anhand dieser Unterlagen ermittelt eine eigens dafür eingesetzte Prüfungskommission (aus mehreren fachkompetenten Professorinnen und Professoren) der Hochschule die Kandidaten für die zweite Stufe des Auswahlverfahrens.

Auswahlkriterien sind:

- Der Durchschnitt der Abiturzeugnisnoten für bestimmte Fächer. Je nach Studienfach können dazu zählen: Mathematik, Deutsch und Sozialkunde/Gemeinschaftskunde bzw. verwandte Fächer.
- Die inhaltliche und formale Qualität der Bewerbung (Bewerbungsschreiben, Lebenslauf und Bildungsbericht).
- Manche Hochschulen beziehen bereits in dieser Vorauswahl die Mappe mit den Arbeitsproben bzw. der Hausaufgabe mit ein. Allerdings dies ist nicht immer der Fall und je nach Satzung des betreffenden Studiengangs unterschiedlich. Es ist aber häufig auch der Fall, dass diese Arbeiten erst in der zweiten Bewerbungsstufe zur Beurteilung herangezogen werden und in der ersten Stufe noch keine Rolle spielen.

2.1.2 Stufe 2: Eignungsprüfung

Diejenigen Bewerber, welche die Kriterien der Vorauswahl erfüllen, werden an den Hochschulort zur zweiten Stufe der Bewerberauswahl eingeladen. Dort findet dann in der Regel an einem Tag eine umfangreichere Eignungsprüfung statt, auch Eignungsfeststellungsverfahren genannt.

Solche Eignungsprüfungen haben einen Bezug zum angestrebten Studium. Handelt es sich beispielsweise um ein gestalterisch orientiertes Fach, dann wird dies eine künstlerische Prüfung sein, in der man seine zeichnerischen, malerischen, kreativen, erfinderischen und konzeptionellen Fähigkeiten unter Beweis stellen kann. Handelt es sich dagegen vielleicht um ein eher journalistisch orientiertes Fach, dann können die Ausdrucksfähigkeit, Textfertigkeit etc. geprüft werden.

Im Rahmen dieser Eignungsfeststellung wird dann – falls dies in der Stufe 1 noch nicht geschehen ist – die Mappe mit den Arbeitsproben und der Hausaufgabe zur Auswahl herangezogen. Außerdem wird für die Bewerberinnen und Bewerber eine Art Assessment Center veranstaltet.

Dies kann bestehen aus:

- Einer schriftlichen Prüfung, in der die besondere Befähigung für das gewählte Studienfach nachgewiesen werden soll. In dieser Prüfung geht es unter anderem um logisches Denkvermögen, mathematische Fähigkeiten, strategische Fähigkeiten, sprachliche Ausdrucksfähigkeit, Wissen in bestimmten Bereichen (je nach Studienfach unterschiedliche, z. B. in Politik, Wirtschaft, Massenmedien und Kultur), englische Sprachkenntnisse.
  Insbesondere für Studienanfänger, d. h. für Bewerber von Bachelorstudiengängen, handelt es sich bei dieser schriftlichen Prüfung um einen Studierfähigkeitstest, der als ein objektives eignungsdiagnostisches Instrument dienen soll, das an alle Bewerberinnen und Bewerber dieselben Anforderungen stellt. Ein typischer Studierfähigkeitstest besteht aus den Aufgabengruppen Textverständnis (Bearbeiten von Texten), Sprachgefühl (Kommunikationsvermögen und stilistische Sicherheit im Sprachgebrauch), schlussfolgerndes Denken sowie Diagramm-Analyse. In einem solchen Test wird beispielsweise die Fähigkeit geprüft, komplexe, in Texten oder Diagrammen

dargestellte Sachverhalte zu erfassen und richtig zu interpretieren. Obwohl solche Tests meist sehr fachnah gewählt sind, steht aber keinerlei fachspezifisches Wissen auf dem Prüfstand. Die Teilnahme am Studierfähigkeitstest hat durchaus Vorteile: Der Studierende lernt durch diesen Test bereits vorab wichtige Anforderungen kennen, die später im Studium auf ihn oder sie zukommen werden. Damit kann er oder sie zum einen prüfen, ob er oder sie sich gerne mit diesen Anforderungen auseinandersetzen möchte und zum andern wie gut er oder sie damit zurechtkommt.

Die Fähigkeiten, die ein Studierfähigkeitstest misst, sind das Resultat langjähriger Lern- und Entwicklungsprozesse; sie entziehen sich damit weitgehend einer kurzfristigen Beeinflussung.

- Bei der Prüfung im Rahmen des Eignungsfeststellungsverfahrens kann alternativ oder ergänzend zu einer inhaltlichen Prüfung auch ein psychologischer Test gefordert werden, beispielsweise um den Studiererfolg vorauszusagen oder die Belastbarkeit unter Stresssituationen zu testen.
- Einem Auswahlgespräch (wird gelegentlich auch als Aufnahmegespräch bezeichnet) (siehe Abschn. 2.3). Dies ist eine Art Bewerbungsgespräch mit Studiengangsleitern oder Fachdozenten.

In den meisten Bachelor- und Masterstudiengängen wird eine Kombination aus zwei oder mehr der genannten Zugangsvoraussetzungen gefordert.

Falls Ihre Bewerbung abgelehnt wurde, sollten Sie noch nicht aufgeben. Denn es bedeutet normalerweise nicht, dass Sie für den betreffenden Studiengang nicht geeignet sind, sondern es bedeutet lediglich eine Rangfolge unter den anderen Bewerberinnen und Bewerbern. Es besteht häufig noch die Möglichkeit, über das Nachrückverfahren zugelassen zu werden, da in der Regel immer mehrere Studienbewerber einen erhaltenen Studienplatz nicht annehmen, z. B. weil sie sich mehrfach bewerben. In der Regel werden auf dem Ablehnungsbescheid der Hochschule die Zahl der vergebenen Studienplätze und Ihre Position in der Rangfolge angegeben. Falls Ihre Rangfolge nicht allzu hoch ist, dürfen Sie also durchaus hoffen. Manchmal muss man sich für das Nachrückverfahren allerdings anmelden. Erkundigen Sie sich in jedem Falle danach, wie das Nachrückverfahren gehandhabt wird. Sollten am Ende noch Studienplätze übrig sein, kommt auch ein mögliches Losverfahren in Frage.

Vielleicht fehlen Ihnen nur wenige Wartesemester. Auch Wartezeiten lassen sich sinnvoll überbrücken, beispielsweise mit einem Praktikum im Medienbereich, einer Ausbildung oder einem Auslandsaufenthalt.

Wer das Bewerbungsverfahren erfolgreich durchlaufen hat, wird benachrichtigt, dass er oder sie einen Studienplatz bekommt und darf sich dann innerhalb einer bestimmten Frist an der Hochschule einschreiben. Die Frist muss man einhalten, sonst verliert man das Recht auf diesen Studienplatz wieder. Dann beginnt das Studentenleben mit allen Rechten und Pflichten.

2.2 Die Bewerbungsmappe

In vielen gestalterischen und konzeptionellen Studiengängen wird eine Bewerbungsmappe (häufig auch nur kurz „Mappe" genannt) verlangt. Für eine solche Mappe wird in der Regel von der Prüfungskommission des Studiengangs in einer Art Hausaufgabe ein Thema gestellt, das von der Bewerberin oder dem Bewerber bearbeitet werden soll. Dabei können dann die Mittel, mit denen das Thema bearbeitet werden soll entweder vorgegeben sein oder der Bewerberin bzw. dem Bewerber selbst überlassen bleiben.

Beispielsweise könnten Themen lauten „Zukunft", „Circus", „Blau". Die Bewerberinnen und Bewerber sollen das Thema frei interpretieren. Nun gibt es verschiedene Möglichkeiten, inwieweit die Bearbeitung des Themas in eine bestimmte Richtung gelenkt werden soll oder nicht. Beispielsweise könnte eine Vorgabe lauten „Sie dürfen dafür ein Medium Ihrer Wahl benutzen, also beispielsweise ein Essay schreiben, ein Video drehen, eine Website erstellen oder was immer Sie möchten. Es könnte aber auch sein, dass für die Bearbeitung des Themas bestimmte Randbedingungen vorgegeben werden, z. B. „Schreiben Sie einen Text (oder vielleicht irgendeine vorgegebene Textsorte: Reportage, Essay etc.) zum Thema „Zukunft". Die Anzahl der Textseiten sollte 6 Schreibmaschinenseiten nicht überschreiten." Solche Aufgabenstellungen sind für „textlastige" Studiengänge durchaus üblich.

Der Sinn dieser Hausaufgabe ist es, dass die Bewerberin/der Bewerber die Aufgabenstellung zu Hause in Ruhe und ohne Zeitdruck anfertigen kann. So haben die Bewerber je nach den Anforderungen des Studiengangs hier in Ruhe die Möglichkeit, ihr gestalterisches, kreatives und konzeptionelles Potenzial zu zeigen. Die Bewerber sollen zeigen, wie sie sehen, wahrnehmen und analysieren können. Je nachdem, welche Fähigkeiten die Bewerberinnen und Bewerber für das angestrebte Studium und das spätere Berufsfeld brauchen, soll die Mappe dahingehend aussagekräftig sein.

Bewerber sollten die Inhalte, Gestaltungsvorgaben und besondere Anforderungen im Hinblick auf die Gestaltung der Mappe direkt beim Ansprechpartner des betreffenden Studiengangs erfragen.

Gelegentlich wird auch die Frage gestellt, wie denn die Mappe bewertet wird. Hierüber geben die Ansprechpartner nicht immer detaillierte Auskunft. Vielfach stecken Bedenken dahinter, dass die Bewerberin bzw. der Bewerber durch solche Aussagen zu sehr beeinflusst werden könnte. Häufig wird auch die Frage gestellt, ob es Mappenvorbereitungskurse gibt. In der Regel gibt es solche aber bei den Hochschulen nicht.

Und nicht vergessen: Neben den speziellen fachlichen Qualitäten geht es immer auch um Präsentation und Selbstdarstellung. Das wird immer unausgesprochen auch von der Bewerberin bzw. dem Bewerber erwartet. Schmuddelige Mappen oder eingerissene oder zerknickte Arbeiten vermitteln immer einen negativen Eindruck und sollten in jedem Fall vermieden werden.

2.3 Das Auswahlgespräch

Sie werden sich fragen: Wann kommt es zu Auswahlgesprächen? Wer wird eingeladen? Wie laufen Auswahlgespräche ab? Wie bereitet man sich darauf vor?[1]

Entweder parallel zur schriftlichen Eignungsprüfung oder danach findet bei vielen Studiengängen als Teil des Eignungsfeststellungsverfahrens ein Auswahlgespräch, auch Aufnahmegespräch genannt, statt. Zu einem Auswahlgespräch wird eingeladen, wer die Kriterien der Vorauswahl der betreffenden Hochschule bzw. des betreffenden Studiengangs erfüllt. Damit hat man bereits die erste große Hürde überwunden. Denn dies heißt, die Mitglieder eines hochschulinternen oder studienganginternen Auswahlgremiums haben die betreffende Bewerberin oder den betreffenden Bewerber übereinstimmend für viel versprechend gehalten.

Bei diesem Auswahlgespräch handelt es sich um ein Kolloquium (mündliche Prüfung). Meist ist dies ein 15- bis 30-minütiges Gespräch der Bewerberin bzw. des Bewerbers mit mehreren Professoren (in der Regel sind zwei Professoren anwesend) aus dem Studiengang, die als Auswahlkommission bzw. als Auswahlgremium fungieren. Einer der beiden Professoren protokolliert das Gespräch.

Dieses Kolloquium dient zum gegenseitigen kennen lernen. Dabei versucht das Auswahlgremium herauszufinden, welche Voraussetzungen der Bewerber für seinen Studienwunsch mitbringt. Verständlicher Weise wird dabei besonderer Wert auf Eigenschaften gelegt, die für die spätere Tätigkeit im Medienbereich wichtig sind. Dies können beispielsweise sein: analytisches Denken, soziale Kompetenz, mündliches Ausdrucksvermögen, Zielorientiertheit, Belastbarkeit usw. Auch soll das Auswahlgespräch Aufschluss geben über die Motivation des Bewerbers, seine Identifikation mit dem Studium bzw. mit dem angestrebten Beruf.

Umgekehrt erhält der Bewerber häufig im Auswahlgespräch auch die Möglichkeit, etwas über das Studium zu erfahren, z. B.

---

[1] Weitere Informationen zu Auswahlgesprächen und Erfahrungsberichte finden Sie im Internet unter www.auswahlgespraeche.de

wie dort gearbeitet wird, was wichtig ist und was von den zukünftigen Studierenden erwartet wird. Wenn Sie aufgefordert werden, zu fragen (beispielsweise: „Möchten Sie noch etwas über den Studiengang wissen?“), dann nutzen Sie Ihre Chance. Informieren Sie sich aber vorher im Internet über den genauen Aufbau Ihres Studienfaches sowie über Ihre beruflichen Möglichkeiten in dem Fach.

Grundsätzlich hat dieses Auswahlgespräch nicht den Sinn einer inhaltlichen Prüfung. Aber die Prüfer möchten sich ein Bild über die Persönlichkeit der Bewerberin bzw. des Bewerbers machen. Auch wollen die Prüfer herausfinden, wie stark sich die Bewerberin oder der Bewerber mit dem Studium bzw. mit dem angestrebten Beruf identifiziert. So sollen vor allem Fehlvorstellungen und damit Enttäuschungen vermieden werden.

Rechnen Sie vor allem mit Fragen nach Ihrer Motivation, warum Sie gerade dieses Fach studieren wollen, wie Sie zu Ihrem Studienwunsch usw. gekommen sind. Dieses persönliche Eignungsgespräch hat eine ähnliche Funktion wie das Motivationsschreiben (siehe Abschn. 2.5). Es soll sicherstellen, dass die Bewerberinnen und Bewerber nicht mit unzutreffenden Vorstellungen in das Studium starten.

Häufig wird nach den Interessen und nach der Medienaffinität des Bewerbers gefragt. Möglich sind auch inhaltliche Fragen, z. B. zur Allgemeinbildung oder zum fachlichen Hintergrund. Thematisch wird sich das Auswahlgespräch sicherlich hauptsächlich mit den folgenden Themen beschäftigen:

- Wie hat sich der Studien-/Berufswunsch entwickelt?
- Wie ist die Einstellung des Bewerbers zu Studium und zum späteren Beruf?
- Welche speziellen Interessen hat der Bewerber?
- Wie ist die soziale Kompetenz des Bewerbers einzuschätzen?
- Welches Arbeitsverhalten zeigt der Bewerber?

◙

Beschäftigen Sie sich vor dem Auswahlgespräch mit diesen Fragen. Schreiben Sie auf, was Ihnen dazu einfällt und versuchen Sie dies anschaulich zu formulieren. Probieren Sie die Situation dann mit jemanden aus und lassen Sie sich sagen, wie Ihre Schilderung wirkt.

Ein hohes soziales Engagement wird ebenfalls tendenziell als positiv bewertet, weil man daran Eigenschaften wie soziale Kompetenz erkennen kann, die später im Beruf gefragt sind. Falls Sie in einem Schulorchester oder in einer Theater-AG mitgewirkt haben, sollten Sie auch schildern, wie groß Ihr Engagement dabei war. Beispiele aktiver Freizeitgestaltung zeugen von Ihrer persönlichen Dynamik.

Wie bereits gesagt, die Prüfer möchten in diesem Gespräch etwas über Ihre Motivation erfahren. Es geht also um die Feststellung, ob der Bewerber eine höhere Motivation für das Studium mitbringt als die anderen Bewerber. Motivation wird mit einem früh entwickelten Interesse des Bewerbers an dem Studienfach, einer Leistungsmotivation zu fachlichen Themen und der Neugier auf studienrelevante Themen verbunden.

Um sich ein Bild über die Motivation des Bewerbers zu machen, werden die Prüfer auf den folgenden Themenkatalog zurückgreifen:

- Begründung der Studienwahl
- Kenntnisse zu Studium und Beruf
- Besondere (außer-)schulische Interessen
- Aktivitäten, Steckenpferde
- Soziales und gesellschaftliches Engagement
- Bisherige Berufstätigkeit
- Nutzung der Wartezeit
- Selbsteinschätzung der Bewerberin/des Bewerbers

Ein wichtiges Ziel des Auswahlgesprächs ist unter anderem, den Studienerfolg zu prognostizieren. Es hat sich als aussagekräftig erwiesen, auf die folgenden Punkte zu achten:

- Prozess der Berufsfindung
- Art und Umfang der Sozialkontakte
- Klarheit über den eigenen Arbeitsstil
- Vertrautheit mit den eigenen Stärken und Schwächen
- Antizipation und Wertung von Prüfungssituationen

- Relation zwischen Selbst- und Fremdbild
- Interesse für relevante Fächer
- Einstellung zum Studium und zum angestrebten Beruf

Eine Annahme bedeutet natürlich weder, dass Sie in jedem Falle Erfolg im Studium haben werden noch dass der Bewerber für das Studium nicht geeignet ist.

Nun werden Sie sicherlich noch wissen wollen, ob man sich als Kandidat auf ein solches Auswahlgespräch vorbereiten kann. Im Detail ist ein Auswahlgespräch nicht vorhersehbar. Aber mit guter Vorbereitung können Sie Ihre Chancen deutlich verbessern.

Überlegen Sie sich gut, was Sie zu den oben genannten Themengebieten zu sagen haben. Übertreiben Sie nicht und bleiben Sie ehrlich!

Da Sie unter Umständen auch mit der einen oder anderen inhaltlichen oder fachlichen Frage rechnen müssen, sollten Sie auch darauf vorbereitet sein. Informieren Sie sich beispielsweise zur öffentlichen Diskussion im entsprechenden Fachumfeld. Lesen Sie auch eine Fachzeitschrift. Solche Zeitschriften sind oft auch im Internet einsehbar.

In der Regel wird Ihnen vor dem Gespräch noch ein Bewerberfragebogen zugesandt, den Sie sorgfältig ausfüllen sollten. Bedenken Sie dabei, dass im Gespräch auf Ihre Angaben Bezug genommen werden könnte.

Zur Vorbereitung auf ein solches Auswahlgespräch sei der Ratgeber „Erfolg im Auswahlgespräch" von der Arbeitsgruppe Studienberatung empfohlen. Er kann gegen eine Gebühr bestellt werden bei: www.auswahlgespraeche.de. Dort finden Sie auch den Rat: Üben Sie die Gesprächssituation und spielen Sie selbst das Gegenüber. Dort finden sich auch Erfahrungsberichte von Bewerbern, die an Auswahlgesprächen teilgenommen haben.

2.4 Wie soll ich mich im Auswahlgespräch verhalten?

Im Auswahlgespräch wollen Sie Ihr Gegenüber von Ihrer Eignung überzeugen. Sie haben eine reelle Chance, die Sie nutzen sollten.

Denken Sie daran, wenn Sie keine Chance hätten, dann wären Sie nicht eingeladen worden.

Ihr Gegenüber begegnet Ihnen zunächst einmal wohlwollend, gibt Ihnen die Gelegenheit sich darzustellen und möchte Sie kennen lernen. Denn zu diesem Zwecke sind Sie dorthin gekommen!

Fragen Sie sich, was für Sie als Bewerberin bzw. Bewerber spricht. Machen Sie eine Liste, und schreiben Sie alles auf, was Ihnen dazu einfällt.

- Welche positiven Voraussetzungen bringen Sie mit?
- Warum halten Sie sich für befähigt, das Studium erfolgreich zu absolvieren? Hätten Sie sich sonst beworben?
- Welche allgemeinen und welche besonderen Fähigkeiten haben Sie? Denken Sie dabei auch an die so genannten Arbeitstugenden.

◙
Bereiten Sie sich vor. Nutzen Sie dafür diese Liste von W-Fragen – und schreiben Sie auf, was Ihnen dazu einfällt.

Ihre Antworten auf diese Fragen werden Ihr Selbstbewusstsein sicherlich stärken. Versuchen Sie, sich selbst auf den Erfolg hin zu motivieren. Wenn Sie gut vorbereitet sind und wissen, was Sie zu bieten haben, werden Sie sicherlich nicht mit der Einstellung erscheinen, für Fragen zur Verfügung zu stehen.

Zeigen Sie ein aktives Gesprächsverhalten. Denn sonst werden Ihre Interviewpartner mangelnde kommunikative Fähigkeiten und fehlendes Engagement bemängeln. Drücken Sie Ihr Interesse an dem Interviewpartner durch Blickkontakt aus. Nehmen Sie Fragen freundlich auf und gehen Sie offen darauf ein. Spulen Sie keinesfalls Ihren vorbereiteten Text ab!

Auch wenn ein Auswahlgespräch nicht genau vorhersagbar ist, so können Sie trotzdem zumindest in struktureller Hinsicht mit dem folgenden Verlauf und Inhalt rechnen:

- Gesprächseröffnung: Nach der üblichen Begrüßung und Vorstellung folgt ein kleiner Small Talk, z. B. über die Anreise. Er dient zum Beschnuppern und Aufwärmen für das nachfolgende Gespräch. Sie sollten hier weder wortkarg sein noch zu sehr ins Erzählen geraten.

- Eine gute Einstiegsfrage ist, warum sich die Bewerberin bzw. der Bewerber auf den Studienplatz beworben hat. Diese Frage betrifft die Motivation und wird meist zu Beginn eines Auswahlgesprächs gestellt. Diese Frage gibt Ihnen bereits viele Möglichkeiten für eine erste Vorstellung.
  Sie könnten hier darauf eingehen, wann und wie sich Ihr Interesse für das Studienfach entwickelt hat, welche Faktoren, Erfahrungen, Personen dabei vielleicht eine Rolle gespielt haben. Sie könnten auch kurz Ihre Interessenschwerpunkte nennen, die zur Wahl des Studienfaches geführt haben. Bleiben Sie dabei aber nicht allzu abstrakt, sondern werden Sie konkret und erzählen Sie beispielsweise in welchen praktischen Tätigkeiten sich Ihr Interesse ausdrückt. Und erzählen Sie, wie Sie bislang Ihrem Interesse nachgegangen sind. Hier können Sie gut Ihre Medienaffinität aufzeigen, wenn Sie beispielsweise Öffentlichkeitsarbeit studieren möchten und vielleicht bislang für eine studentische Zeitung Artikel geschrieben und beim Layout der Zeitung mitgearbeitet haben. Sagen Sie am besten dann auch genau, was Sie beim Layout konkret gemacht haben.
- Man wird Sie weiter danach fragen, ob Sie wissen, welche Anforderungen Sie erwarten. Hier sollen Sie zeigen, inwieweit Sie sich mit dem angestrebten Studium und Beruf auseinandergesetzt haben und was Sie bereits darüber wissen. Hier können Sie zeigen, dass Sie realistische Vorstellungen haben. Vielleicht haben Sie bereits ein Praktikum absolviert und können von einschlägigen Erfahrungen erzählen. Oder es könnte beispielsweise die folgende Frage an Sie gerichtet sein: „Wie schätzen Sie denn Ihre Fähigkeiten ein?" „Fühlen Sie sich den Anforderungen eines Studiums gewachsen?" Wenn Sie sich mit solchen Fragen gut auseinandergesetzt haben, dann können Sie zeigen, wie Ihre Eigenschaften und ihr Arbeitsstil zu den Studienanforderungen passen. Naives Selbstvertrauen zu zeigen, wirkt manchmal zwar ganz charmant, wird Ihren Gesprächspartnern aber nicht genügen.

- Was spricht für Sie persönlich als Bewerberin bzw. Bewerber? Dies ist die Frage danach, was Sie können und gleichzeitig eine Aufforderung an Sie, Ihre Stärken (im Sinne von Fähigkeiten und Kenntnissen) zu erläutern.
- Unter Umständen wird man Sie noch zu Hintergrundwissen über aktuelle Entwicklungen befragen. Deshalb sollten Sie nicht nur über die Anforderungen von Studium und Beruf informiert sein, sondern auch über den aktuellen politischen Hintergrund. Dies heißt, sich über die Medien auf dem Laufenden zu halten. Manchmal bleibt für solche Fragen aber auch keine Zeit mehr oder der Gesprächsverlauf war anders, so dass man dazu nicht mehr kommt. Dennoch sollten Sie vorbereitet sein.

◙

Üben Sie anhand des obigen Gesprächsleitfaden dieses Auswahlgespräch. Nehmen Sie dabei auch die Perspektive Ihres Gesprächspartners ein.

Spontane Reden zu halten, will gelernt sein. Selbst geübte Redner können dies selten wirklich gut und bereiten sich deshalb lieber vor. Am besten halten Sie vorher das Statement zur Vorstellung schriftlich fest. Üben Sie dann Ihren Vortrag vor Publikum (Freund oder Freundin, Eltern usw.). Ehrliche Reaktionen des Publikums können Ihnen viele Hinweise liefern, wie Ihre Präsentation bei einem Zuhörer ankommt und wie Sie diese eventuell verändern können. Diese Mühe lohnt sich in jedem Falle, denn wer gut vorbereitet ist, hat viel zu sagen, verschafft sich mehr Sicherheit und wirkt auch auf andere selbstsicherer und überzeugender. Und genau dies ist ja Ihr Ziel: Sie wollen überzeugen!

Beziehen Sie sich auf die interessanten Stationen im Lebenslauf. Wenn Sie z. B. eine besondere Schule besucht haben, ein besonderes Praktikum gemacht haben oder einer besonderen Freizeitaktivität nachgehen. Machen Sie Ihre Schilderungen aussagekräftig und anschaulich, denn auf diese Weise entsteht in den Köpfen der Zuhörer ein markanter Eindruck von Ihnen.

Werfen Sie Angelhaken aus, an denen Ihre Gesprächspartner anbeißen können. Wenn Sie beispielsweise von Ihrem Praktikum erzählen, dann sagen Sie, womit Sie sich konkret beschäftigt haben und wie es Ihnen dabei ergangen ist bzw. wie Sie damit umgegangen sind. Auf diese Weise entsteht im Zuhörer ein konkreter Eindruck von Ihren Eigenschaften, z. B. das Bild „Der Bewerber ist kritisch und engagiert".

Die Prüfer werden von Ihnen erwarten, dass Sie überzeugen wollen und können. Auch wird man von Ihnen ein gewisses Maß an Reflektiertheit erwarten. D. h. Ihre Antworten sollten den Zuhörern zeigen, dass Sie sich Gedanken gemacht haben. Erwartet wird, dass Sie sich mit dem Für und Wider gründlich auseinander gesetzt haben. Darin drückt sich nämlich auch Ihre Fähigkeit zum wissenschaftlichen Denken aus. Nehmen Sie sich deshalb den Raum, den Sie für eine ausführliche Schilderung brauchen und vermeiden Sie Kurzantworten. Auf diese Weise können Sie nicht nur zeigen, dass Sie nachgedacht haben, sondern den Gesprächspartnern auch Fragen nahe legen, auf die Sie gut vorbereitet sind.

Jetzt sollten Sie aber keine Angst bekommen und glauben, dass Sie nur eine Chance haben, wenn Sie perfekt sind. Nein, dies ist natürlich keineswegs so. Sich seiner Schwächen bewusst zu sein, kann auch als Stärke ausgelegt werden. Nicht bluffen, aber Vorzüge herauszustellen. Man kann seine Schwächen durch wichtige Kompetenzen wettmachen. Stellen Sie Ihre Vorzüge ins rechte Licht und präsentieren Sie sich gut und vorteilhaft. Lassen Sie sich aber nicht dazu verführen, zu dick aufzutragen oder zu bluffen. Ihre Gesprächspartner werden es schnell merken.

Manche Frage wird vielleicht auch Ihren Unmut erregen. Vor allem dann, wenn Sie sich vielleicht nicht so damit auseinander gesetzt haben oder wenn sie provoziert. Bleiben Sie auf jeden Fall ruhig und lassen Sie Ihren Ärger nicht hoch kommen. Versuchen Sie, Ihre Gefühle zu neutralisieren. Sie sollten der Frage eine nüchterne, sachliche Wendung geben. Lassen Sie sich auch von einer Frage nicht provozieren. Z. B. wenn auf Ihre Noten in einem bestimmten Fach, die schlecht sind, eingegangen wird. Vermeiden Sie es, sich zu rechtfertigen. Gehen Sie auf Ihre positiven Eigenschaften ein, z. B. auf Ihre Noten in anderen Schulfächern oder auf Ihre Eigenschaften, die auch noch für den späteren Beruf wichtig sind.

Es ist verständlich, wenn Sie Prüfungsangst vor einem Auswahlgespräch haben, denn es geht um eine bevorstehende Bewertung. Aber Aufregung gehört dazu, denn sie mobilisiert Energien. Bei einem Misserfolg wird das Selbstbewusstsein empfindlich getroffen. Aber seien Sie sich immer auch bewusst, dass man auch dann, wenn man die besten Voraussetzungen mitbringt, ein wenig Glück braucht.

2.5 Das Motivationsschreiben

Unter einem Motivationsschreiben ist ein selbst verfasster Aufsatz zu verstehen. Meist werden 1–3 Seiten erwartet. Die erwartete Länge wird meist angegeben. Die geforderte Länge des Aufsatzes sollten Sie in jedem Falle einhalten, denn auch dies zeigt, wie gut Sie einen Text verfassen können.

In einem Motivationsschreiben sollten Sie nach Möglichkeit über die folgenden Punkte Aufschluss geben:

- Warum wollen Sie genau diesen Studiengang belegen – und warum an dieser Hochschule?
- Wie ergänzt dieser Studiengang ihr bisheriges Ausbildungsprofil? (besonders wichtig bei Masterstudiengängen)
- Welche Vorstellung über Ihren späteren Beruf verbinden Sie mit der Wahl dieses Studiengangs?
- Falls in den Voraussetzungen für den Studiengang Sprachkenntnisse oder sonstige besondere Voraussetzungen gefordert werden: Wie schätzen Sie ihre diesbezüglichen Kenntnisse, z. B. Englischkenntnisse (und falls Sie nicht Muttersprachler sind: Ihre Deutschkenntnisse) ein?
- Erzählen Sie inhaltlich, was Sie bislang über den Studiengang wissen (vorher Informationsmaterial besorgen)!
- Manchmal ist es auch nützlich zu erwähnen, wie man diese Informationen erhalten hat, z. B. Studienberatung, Internet. Man zeigt auch dadurch ein gewisses Engagement in Sachen sorgfältige Auswahl eines Studienfaches.

◙

Sie können diese Liste als Checkliste verwenden, um Ihr Motivationsschreiben zu verfassen.

3 Wo soll ich studieren und welchen Abschluss habe ich dann?

Das deutsche Hochschulsystem ist derzeit im Umbruch. Davon sind alle Studiengänge, auch die Medienstudiengänge, betroffen. Es entstehen allerorts viele neue Studiengänge und alte Studiengänge werden überarbeitet. Dies ist das Ergebnis der seit Jahrzehnten dauernden Bestrebungen von Politik und Wirtschaft, einen europäischen Hochschulraum zu schaffen. Da es im Moment vor allem kürzere Studienzeiten, überarbeitete Studienordnungen und Curricula und neue Studienabschlüsse gibt, die außerhalb der Hochschule noch wenig bekannt sind, werde ich im folgenden die wichtigsten Entwicklungen kurz skizzieren.

3.1 Neugestaltung des Studiensystems

Bereits 1997 beschloss der Europarat in Lissabon ein Übereinkommen über die Anerkennung von Qualifikationen im Hochschulbereich in Europa. Darin wurden spezielle Vorgaben zur Transparenz und Anerkennung von Hochschulzugangsqualifikationen, Anerkennung von Studienqualifikationen, Hochschulqualifikationen etc. festgehalten. Somit stellt dieses Dokument eine wichtige Grundlage für mehr Mobilität von Studierenden im europäischen Raum dar.

Einen Höhepunkt erreichten diese Bestrebungen im Jahr 1999, als sich europäischen Bildungsminister aus 29 Ländern in Bologna (Italien) trafen, um dort die so genannte Bologna-Erklärung zu unterzeichnen. Die Entwicklung der tiefgreifenden Studienreformen, neuen Abschlüsse und Neustrukturierung der Hochschulen wird nach dieser Erklärung auch Bolognaprozess genannt.

Diese Erklärung enthält eine Reihe von Rahmenbedingungen für Studiengänge, die in allen unterzeichnenden europäischen Ländern umgesetzt werden sollten. Dazu gehören die folgenden Kernpunkte:

- **Zweistufiges Studiensystem:** Einführung eines zweistufigen, modularisierten Studiensystems (Bachelor- und Masterabschlüsse) mit einer Studienzeit von mindestens drei Jahren bis zum ersten berufsqualifizierenden Abschluss.
- **Mobilität und Flexibilität:** Durch dieses einheitliche System in der Hochschulausbildung soll die Mobilität von Studierenden, Lehrenden und Wissenschaftlern auf nationaler und europäischer Ebene erhöht werden. Dadurch bedingt sollen die Chancen auf eine flexible Gestaltung des Studiums in inhaltlicher und zeitlicher Sicht ausgebaut werden. Auch soll dadurch ein erleichterter Einstieg auf dem Arbeitsmarkt, sowohl im eigenen Land als auch im Ausland gegeben sein. Gleichzeitig wird damit auch die Attraktivität der Hochschulen für ausländische Studierende gesteigert.
- **Internationalisierung des Studiums:** Sowohl Bachelorstudiengänge als auch Masterstudiengänge sollen viel internationaler ausgerichtet werden als die bisherigen traditionellen Studiengänge. Einerseits schlägt sich die Internationalisierung in Auslandssemestern und Auslandspraktika nieder. Andererseits hat sie auch Einfluss auf die Lehrformen, weil Inhalte mehr international ausgerichtet sein können und auch Lehrveranstaltungen in einer Fremdsprache stattfinden können.
- **ECTS-Leistungspunkte**[1]: Um eine Basis für die Vergleichbarkeit der Hochschulausbildungen im europäischen Raum zu schaffen und somit die gewünschte Mobilität weiter zu fördern,

[1] ECTS: European Credit Transfer System

wird ein Punktesystem (ECTS Leistungspunkte) eingeführt. Diese Punkte dienen der quantitativen Messung und dokumentieren den zeitlichen Arbeitsaufwand des Studierenden.

- **Diploma-Supplement:** Ein Diploma-Supplement ist ein deutsch- oder englischsprachiger Zusatz zum Bachelor- und Masterabschlusszeugnis des Studierenden. Es liefert eine Beschreibung über Art und Niveau des durchgeführten Studiums und gibt Auskunft über Inhalte und erzielte Ergebnisse. Es soll mehr Transparenz bei den Abschlüssen schaffen und auf diese Weise die Mobilität fördern und auch nach dem Abschluss Personalabteilungen helfen, den vorliegenden Studienabschluss einzuordnen.
- **Qualitätssicherung:** Europaweit wird die qualitative Bewertung von Studienprogrammen und Hochschulen angestrebt. Diese Maßnahme soll ein einheitlich hohes Niveau der Studienprogramme an den Universitäten, Fachhochschulen und ähnlichen Einrichtungen in Europa gewährleisten. Praktisch bedeutet dies, dass Bachelor- und Masterstudiengänge von so genannten Akkreditierungsagenturen auf ihre Qualität geprüft und mit einem Zertifikat versehen werden. Die Akkreditierung eines Studiengangs stellt eine Art Güteprüfung der Studienprogramme dar und muss alle 5 Jahre erneuert werden.

Diese Ziele sollen in allen beteiligten europäischen Ländern bis spätestens zum Jahr 2010 erreicht sein. Folgekonferenzen zeigten, dass die Studienreform in den meisten europäischen Ländern gut voranschreitet. Durch dieses einheitliche System soll europaweit ein erleichterter Einstieg auf dem Arbeitsmarkt, sowohl im eigenen Land als auch im Ausland gegeben sein. Gleichzeitig wird damit auch die Attraktivität der Hochschulen für ausländische Studierende gesteigert.

Auch in Deutschland gab die Bologna-Deklaration den Anstoß zur bundesweiten Einführung eines zweistufigen Studiensystems. Mittlerweile ist die Umstellung auf das neue zweistufige Studiensystem mit Bachelor- und Masterstudiengängen weit vorangeschritten. Diplom- und Magisterstudiengänge sind vielerorts bereits Auslaufmodelle, d.h. neue Studierende werden dort gar nicht mehr aufgenommen.

Da die Studienreform noch nicht abgeschlossen ist und erst im Jahr 2010 beendet sein soll, existieren derzeit noch die alten und neuen Studienabschlüsse nebeneinander. Manche Hochschulen haben sehr schnell ihre Studiengänge auf die neuen Abschlüsse Bachelor und Master umgestellt, während andere Hochschulen noch mitten in diesen Prozess involviert sind.

Beginnen wir mit den lange existierenden Abschlüssen Diplom und Magister. Beide laufen als Hochschulabschlüsse allerdings aus:

- **Diplom** (läuft als Hochschulabschluss aus)
  - Studiengang auf 1 Fach konzentriert (Einfachstudium),
  - Regelstudienzeit meist 9 Semester,
  - empfohlener Studienablauf in der Studienordnung festgehalten,
  - Abschluss wird vorrangig in Natur-, Wirtschafts- und Sozialwissenschaften angeboten,
  - Studien- und Prüfungsordnung von der Hochschule entwickelt.
- **Magister** (läuft als Hochschulabschluss aus)
  - besteht aus 1 Hauptfach + 2 Nebenfächern oder 2 Hauptfächern (Mehrfachstudium),
  - weitgehend freie Gestaltung des Studienablaufs,
  - Regelstudienzeit meist 9 Semester,
  - Abschluss wird vorrangig in geisteswissenschaftlichen Fächern angeboten,
  - Studien- und Prüfungsordnung von der Hochschule entwickelt.

Darüber hinaus gibt es bei den lange existierenden Studiengängen die Abschlüsse Staatsexamen (z.B. Medizin, Pharmazie, Rechtswissenschaft) und Lehramt. Beides sind staatliche Prüfungen mit landesweit geltender Prüfungsordnung. Da sie allerdings bei Medienstudiengängen in der Regel keine Rolle spielen, werde ich hier nicht weiter darauf eingehen.

Von besonderem Interesse für studierwillige spätere Medienschaffende sind Studiengänge mit Bachelor- und Masterabschluss:

- **Bachelor**
  - erster berufsqualifizierender Hochschulabschluss,
  - Regelstudienzeit beträgt 6 bis 8 Semester,
  - kann als Einfach- oder Mehrfachstudium angelegt sein,
  - Studium durch Module gegliedert,
  - Bachelorabschluss wird zukünftig in allen grundständigen Studiengängen angeboten,
  - Studien- und Prüfungsordnung von Hochschule entwickelt.
- **Master**
  - zweiter berufsqualifizierender Abschluss,
  - setzt ersten berufsqualifizierenden Abschluss voraus,
  - kann als Einfach- oder Mehrfachstudium angelegt sein,
  - Regelstudienzeit beträgt 2 bis 4 Semester (abhängig vom betreffenden Studiengang),
  - Studium ist durch Module gegliedert,
  - Studien- und Prüfungsordnung der Hochschule.

Bachelor- und Masterstudiengänge (siehe folgende Abschnitte) werden im Zuge einer zweistufigen Studienreform, die derzeit im Gange ist, bis 2010 die Diplom- und Magisterstudiengänge ersetzen.

3.2 Bachelorstudiengänge

Immer noch herrscht allerdings einige Verwirrung, wenn es um die gestuften Studienabschlüsse Bachelor und Master geht. Deshalb im Folgenden kurz die wichtigsten Fakten zu diesen beiden Studienabschlüssen.

3.2.1 Was ist ein Bachelor?

Als Bachelor bezeichnet man den ersten berufsbefähigenden Abschluss, der an einer Fachhochschule oder einer Universität nach einem 6–8semestrigen Studium erworben werden kann. Ob der Abschluss an einer Fachhochschule oder an einer Universität erworben wurde, wird im Titel nicht mehr gekennzeichnet.

Durch diesen Abschluss sollen die Studierenden eine Arbeitsmarktfähigkeit erlangen, die wissenschaftliche Grundlagen, Methodenwissen sowie berufspraktische Qualifikationen verbindet. Der Studierende hat mit diesem Abschluss entweder die Möglichkeit, direkt in den Beruf einzusteigen oder noch ein Master-Studium anzuschließen (Voraussetzungen für ein Masterstudium, siehe folgendes Kapitel).

Beim Bachelorabschluss gibt es die folgenden Zusätze:

Abschlussbezeichnung	Abkürzung	Fächer
Bachelor of Arts	B.A.	Sprach- und Kulturwissenschaften, Sportwissenschaften, Sozialwissenschaften, Kunstwissenschaften
Bachelor of Fine Arts	BFA	Gestalterische und künstlerische Studiengänge
Bachelor of Science	B.Sc.	Naturwissenschaften
Bachelor of Engineering	B.Eng.	Ingenieurs-wissenschaften
Bachelor of Law	LL.B.	Rechtswissenschaften

Im Abschlusszeugnis steht dann die Bezeichnung des Bachelors gefolgt vom Studienfach, also beispielsweise „Bachelor of Arts in Media Management".

3.2.2 Zulassungsvoraussetzungen

Da Bachelorstudiengänge grundständige Studiengänge sind, können sie – wie bisher auch – mit der üblichen Hochschulzugangsberechtigung aufgenommen werden. In der Regel erwerben Sie die Hochschulzugangsberechtigung durch die allgemeine Hochschulreife (Abitur) oder durch die fachgebundene Hochschulreife

(Abschluss einer Fachoberschule). Für das Studium an einer Universität ist das Abitur notwendig. An einer Fachhochschule kann man mit Abitur oder fachgebundener Hochschulreife studieren. Für Fachhochschulen gilt, dass weitere schulische oder berufliche Abschlüsse der Fachhochschulreife gleichgestellt werden können. Dies ist in einzelnen Bundesländern unterschiedlich geregelt. Anerkennungen erfolgen gemäß den Richtlinien der Kultusministerkonferenz (KMK). Beispielsweise ermöglicht in Hessen der Abschluss als Meister den direkten Fachhochschulzugang. Wenn unklar ist, ob Ihre Hochschulzugangsberechtigung an der Hochschule Ihrer Wahl anerkannt wird, dann fragen Sie am besten vor Ihrer Bewerbung nach.

Diese Regelung des Zugangs mit Hochschulzugangsberechtigung kann aber eingeschränkt werden. Gibt es mehr Studienbewerber als freie Studienplätze, belegt die Hochschule diesen Studiengang mit einem Numerus Clausus (NC). In diesem Fall ist die Abiturnote ausschlaggebend für den Zugang. Häufig ist der NC dynamisch festgelegt, d. h. je nachdem welche Noten die Bewerber mitbringen, werden die Bewerber mit den besten Noten ausgewählt.

Bei einigen Studiengängen werden auch Eignungstests und zusätzlich ein Praktikum vor Antritt des Studiums verlangt. Um die genauen Zulassungsbedingungen zu erfahren, ist es empfehlenswert, möglichst frühzeitig diesbezügliche Informationen bei den in Frage kommenden Hochschulen zu erfragen. Auf den Webseiten des Studiengangs ist in der Regel ein Ansprechpartner (Studienberatung oder Studiengangleiter) genannt.

3.2.3 Wie sieht ein Bachelorstudium aus?

Ein Bachelorstudium dauert je nach Hochschule und Studiengang 6 bis 8 Semester. Das Studium ist in Form von Modulen organisiert, die unabhängig voneinander absolviert werden können. Das Lehrangebot umfasst normalerweise Pflichtmodule, Wahlpflichtmodule und Wahlmodule. Als Pflichtmodule werden alle Module bezeichnet, die nach der Prüfungs- und Studienordnung für den erfolgreichen Abschluss des Studiums erforderlich sind.

Als Wahlpflichtmodule werden alle Module bezeichnet, die die Studierenden nach Maßgabe der Prüfungs- und Studienordnung aus einer bestimmten Menge von Modulen auswählen müssen. Sie ermöglichen, im Rahmen der gewählten Studienrichtung individuellen Neigungen und Interessen nachzugehen sowie fachspezifischen Erfordernissen des späteren Tätigkeitsfeldes der Studierenden Rechnung zu tragen.

Als Wahlmodule werden alle Module bezeichnet, die die Studierenden nach eigener Wahl zusätzlich zu den Pflicht- und Wahlpflichtmodulen, die für den Abschluss des Studiums erforderlich sind, aus zur Verfügung stehenden Modulen belegen. Bei solchen Wahlmodulen steht es den Studierenden meist frei, ob sie sich einer Prüfung unterziehen wollen.

Falls Module Pflicht sind bzw. in einer bestimmten Folge oder in einem bestimmten Zusammenhang studiert werden müssen, so ist dies in der Studien- und Prüfungsordnung (SPO) geregelt. Jedes Modul schließt mit einer Prüfung ab, die Leistungen studienbegleitend benotet. D. h. in der Regel werden alle Studienleistungen benotet. Ausnahme sind häufig die oben bereits erwähnten Wahlmodule, die allerdings normalerweise dann nicht auf die Gesamtqualifikation und ECTS-Punkte angerechnet werden. Es handelt sich dabei also um in jeder Hinsicht zusätzliche und freiwillige Leistungen des oder der Studierenden.

Jedes Modul setzt sich aus einer Reihe von Lehrveranstaltungen zusammen. Arten von Lehrveranstaltungen sind ganz im traditionellen Sinne Vorlesungen, Seminare, Übungen, Praktika, Projekte, Exkursionen und Kolloquien. Vorlesungen vermitteln in zusammenhängender und systematischer Darstellung grundlegende Sach-, Theorie- und Methodenkenntnisse. Seminare dienen der wissenschaftlichen Aufarbeitung theoretischer und praxisbezogener Fragestellungen im Zusammenwirken von Lehrenden und Lernenden. Dies kann in wechselnden Arbeitsformen (Informationsdarstellungen, Referaten, Thesenstellung, Diskussionen) und in Gruppen erfolgen. Übungen dienen der Aneignung grundlegender Methoden, Fähigkeiten und Fertigkeiten. Projekte dienen der Entwicklung von Fähigkeiten zur eigenständigen wissenschaftlichen und organisatorischen Arbeit und der praxisorientierten Lösung berufbezogener Probleme. Sie werden in der Regel in Gruppen durchgeführt. Exkursionen dienen der Anschauung und der Informationsvermittlung sowie dem Kontakt zur Praxis vor Ort. In Kolloquien erfolgt die vertiefte wissenschaftliche Auseinandersetzung zwischen Lehrenden und Lernenden zu ausgewählten Fragestellungen. Praktika dienen durch eine praxisnahe Anwendung der Festigung der Studieninhalte.

Im Verlaufe des Studiums müssen ECTS-Punkte gesammelt werden. Die Punkte für jede Veranstaltung werden auf der Grundlage des üblichen Arbeitspensums zugeordnet, welches der Studierende aufzuwenden hat. Dabei wird nicht nur die Zeit für die eigentlichen Unterrichtsstunden berücksichtigt, sondern auch der zu Vor- und Nachbereitung erforderliche zeitliche Arbeitsaufwand des Studierenden. Bezogen auf ein Semester wird von 30 ECTS-Punkten ausgegangen. Bei einem 6-semestrigen Bachelorstudium müssen dann 180 ECTS gesammelt werden. ECTS helfen somit, den Arbeitsaufwand für eine Lehrveranstaltung einzuschätzen. Darüber hinaus machen sie zumindest auf der quantitativen Ebene verschiedene Lehrveranstaltungen hochschulübergreifend und damit auch europaweit vergleichbar.

Das Bachelorstudium schließt mit dem Anfertigen einer wissenschaftlichen Arbeit ab. Die Bachelorarbeit ist eine selbständige wissenschaftliche Arbeit, die in schriftlicher Form einzureichen ist. Mit der Bachelorarbeit soll der oder die Studierende zeigen, dass er oder sie innerhalb einer vorgegebenen Frist eine Aufgabenstellung aus dem Fachgebiet selbständig mit wissenschaftlichen Methoden bearbeiten kann.

Einige Studienordnungen verlangen auch, dass die Bachelorarbeit in einem Kolloquium zu verteidigen ist.

Die Absolventen erhalten mit Ihrem Zeugnis ein Diploma-Supplement, das Art und Niveau des absolvierten Studiums beschreibt und Auskunft über die Inhalte und erzielte Ergebnisse des Studiums gibt. So soll das Diploma-Supplement die Vergleichbarkeit von erworbenen Qualifikationen unterstützen und vor allem auch eine Hilfe für Personalabteilungen bei Bewerbungen sein. Ein Diploma-Supplement enthält 8 Hauptpunkte:

1. Angaben zum Inhaber der Qualifikation
2. Angaben über die Qualifikation selbst: erworbener Titel, Institution, an der der Titel erworben wurde, Haupt- und Nebenfächer, Unterrichtssprache.
3. Angaben zum Niveau der Qualifikation: unter anderem die Regelstudienzeit und die Zulassungsvoraussetzungen des Studiums.
4. Inhalte und erzielte Ergebnisse des Studiums.
5. Zugang zu weiterführenden Studien und beruflicher Status.
6. Ergänzende und weiterführende Angaben.
7. Zertifizierung.
8. Angaben zum nationalen Hochschulsystem.

Ein weiterer Zusatz des Abschlusszeugnisses ist der Transcript of Records. Die Studienleistungen werden hier nochmals detailliert und in allgemein verständlicher Form aufgeführt. Eine Übersicht zeigt auf, wo die ECTS-Leistungspunkte von Absolventen erworben wurden. Der Transcript of Records gewinnt vor allem bei Auslandsaufenthalten und Studienortwechsel als semesterweise Datenabschrift an Bedeutung.

3.2.4 Welche Qualifikation erwirbt ein Bachelorstudent?

Inhaltlich ist ein Bachelorstudium auf die Vermittlung eines breiten Basiswissens im betreffenden Gebiet ausgerichtet. Dabei wird das Augenmerk insbesondere auf eine verstärkte Praxisorientierung durch Praktika oder Projektseminare gelegt. Auch auf eine internationale Ausrichtung durch Auslandssemester, Auslandspraktika, ausländische Gastdozenten und Lehrveranstaltungen in einer Fremdsprache wird in der Regel Wert gelegt. Durch die angestrebte internationale Ausrichtung seines Studiums verfügt ein Bachelorabsolvent im verstärkten Maß über Fremdsprachenkenntnisse und interkulturelle Fähigkeiten.

Darüber hinaus ist Ziel eines Bachelorstudiums, dass sich die Studierenden Schlüsselqualifikationen, wie Methoden- und Sozialkompetenzen erwerben. Hierzu gehört auch, dass ein Bachelorstudent je nach Studiengang praktische Kenntnisse im Bereich der Präsentationstechniken, Text- und Bildverarbeitung und der

Moderation erwirbt. Des Weiteren besitzt er ein breites Basiswissen und hat Qualifikationen im EDV-Bereich erworben. Darüber hinaus werden im Bachelorstudium auch wichtige Schlüsselqualifikationen (Teamfähigkeit, analytisches Denken, Kreativität etc.) vermittelt.

3.2.5 Welche Möglichkeiten habe ich nach dem Bachelorstudium?

Viele Studienanfänger fragen sich, ob sie sich bereits bei der Auswahl des Bachelorstudiengangs entscheiden müssen, ob sie danach einen Master machen oder direkt ins Berufsleben einsteigen wollen. Man muss sich nicht bereits bei Beginn des Bachelorstudiums entscheiden. Denn die gestufte Studienstruktur hat den großen Vorteil der hohen Flexibilität. Grundsätzlich kann man mit einem Bachelorabschluss entweder direkt in den Beruf einsteigen oder noch ein zweites Studium (Masterstudiengang – siehe nächstes Kapitel) anschließen. Die Möglichkeiten, die man nach dem Bachelorabschluss hat, gibt die folgende Grafik wieder.

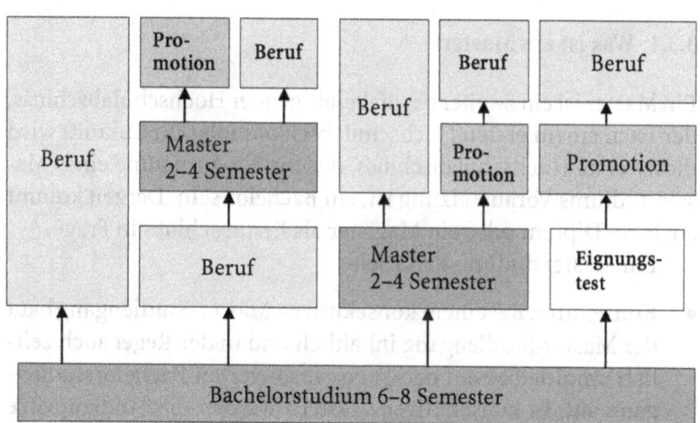

Abb. 3.1. Wege und Möglichkeiten nach dem Bachelorabschluss. (Quelle: Stifterverband für die Deutsche Wissenschaft, Karriere mit dem Bachelor – Berufswege und Berufschancen, April 2005, S. 28)

Bachelorstudenten können nach dem Abschluss einen (konsekutiven) Masterstudiengang beginnen, der ihr bisheriges Studium weiterführt. Ebenso ist es möglich einen Master aus einer anderen Studienrichtung oder einen spezialisierenden Master aus der gleichen Studienrichtung (nicht-konsekutive Masterstudiengänge) zu beginnen.

In der freien Wirtschaft gibt es derzeit noch keine Präferenzen für einen der neuen Abschlüsse, d. h. für Master oder Bachelor. Die Umstellung deutscher Studiengänge auf Bachelor und Master ist allerdings noch nicht flächendeckend vollzogen worden. Deshalb ist es auch nicht verwunderlich, dass in der betrieblichen Praxis die Unterschiede noch nicht bekannt sind. Folgerichtig wird derzeit auch noch kein Abschluss bevorzugt. Wenn sich diese Abschlüsse allerdings etabliert haben und auch in der freien Wirtschaft genügend Erfahrung damit vorhanden sein wird, dann wird es sicherlich abhängig von der zu besetzenden Stelle sein, welchem Abschluss der Vorrang gegeben wird.

3.3 Masterstudiengänge

3.3.1 Was ist ein Master?

Ein Master ist ein zweiter berufsbefähigender Hochschulabschluss, der nach einem ersten Hochschulabschluss folgt. In Zukunft wird dieser erste Hochschulabschluss, der für die Aufnahme eines Masterstudiums Voraussetzung ist, ein Bachelor sein. Derzeit kommt auch ein Diplom oder ein Magister als Erstabschluss in Frage.

Ein Masterstudium kann sein:

- **Konsekutiv:** Bei einem konsekutiven Master-Studiengang baut der Master-Studiengang inhaltlich und in der Regel auch zeitlich unmittelbar auf den zuvor absolvierten Bachelorstudiengang auf. In konsekutiven Mastern werden die Studienplätze meist vorrangig an Absolventen des vorausgehenden Bachelorstudiengangs an derselben Hochschule vergeben. Unter Umständen ist in der Studienordnung des betreffenden Masters angegeben, zu welchem prozentualen Anteil auch Studienplätze an externe Bewerber anderer Hochschulen vergeben werden.

- **nicht-konsekutiv**: Ein nicht-konsekutiver Masterstudiengang setzt zwar einen ersten berufsqualifizierenden Hochschulabschluss voraus, baut inhaltlich jedoch nicht auf diesem vorausgegangenen Studiengang auf. D. h. hier bieten sich auch Möglichkeiten für Quereinsteiger zu einem Medienstudium. Dies bedingt, dass ein solches Studium oft in starkem Maße interdisziplinär angelegt ist. Nicht-konsekutive Master sind häufig auch solche Masterprogramme, die eine Spezialisierung auf dem gleichen Fachgebiet erlauben. Ob der Absolvent gleich nach seinem Bachelorabschluss das Masterstudium aufnimmt oder erst nach einer Phase der Berufstätigkeit, bleibt ihm überlassen.
- **weiterbildend**: Ein weiterbildender Masterstudiengang setzt neben dem ersten berufsqualifizierenden Abschluss in jedem Fall eine berufspraktische Tätigkeit von mindestens einem Jahr voraus. Diese Studiengänge sind für Unternehmen besonders interessant, denn die Studieninhalte sind stärker an der beruflichen Praxis ausgerichtet und knüpfen an die beruflichen Erfahrungen der Studierenden an. Durch sich ständig verändernde Prozesse und Anforderungen im Berufsleben, wird dieses Modell des lebenslangen Lernens aller Wahrscheinlichkeit nach in der Zukunft als berufsbegleitendes Weiterbildungsprogramm stark an Bedeutung gewinnen. Ein typisches Beispiel ist der MBA (Master of Business Administration) für wirtschaftswissenschaftlich orientierte Studiengänge.

Es gibt zwei-, drei- oder viersemestrige Masterstudiengänge, wenn es sich um ein Vollzeitstudium mit Präsenzpflicht handelt. Manche Masterstudiengänge bieten Teilzeitstudiengänge an, die dann allerdings die Studiendauer verlängern. Letzteres gilt meist für die weiterbildenden Masterstudiengänge.

Analog zu den Bachelorabschlüssen gibt es auch bei den Masterabschlüssen die folgenden Zusätze:

Abschlussbezeichnung	Abkürzung	Fächer
Master of Arts	M.A.	Sprach- und Kulturwissenschaften, Sportwissenschaften, Sozialwissenschaften, Kunstwissenschaften
Master of Fine Arts	MFA	Gestalterische und künstlerische Studiengänge
Master of Science	M.Sc.	Naturwissenschaften
Master of Engineering	M.Eng.	Ingenieurswissenschaften
Master of Law	LL.M.	Rechtswissenschaften

Analog zum Bachelorabschluss steht auch beim Masterabschluss im Abschlusszeugnis die Bezeichung des Masters zusammen mit dem Namen des Studienfaches, also beispielsweise „Master of Arts in Media Management".

3.3.2 Zulassungsvoraussetzungen

Bewerber für einen Masterstudiengang müssen bereits einen berufsbefähigenden Hochschulabschluss mitbringen. Derzeit kann dies noch ein Abschluss wie Diplom oder Magister sein, in Zukunft wird dies ein Bachelor sein. Dieses Erststudium muss weder das gleiche Fach noch der gleiche Hochschultyp sein. D. h. ein Bachelorstudent an einer Fachhochschule kann ein Masterstudium an einer Universität aufnehmen und umgekehrt. Welche Fächer des ersten Abschlusses allerdings für das Masterprogramm qualifizieren, legt die Hochschule fest.

Die fachlich inhaltlichen Voraussetzungen für einen bestimmten gewählten Masterstudiengang wird man nicht verallgemeinern können und sie sollten deshalb am besten bei der betreffenden Hochschule direkt erfragt werden.

Weiter wird den Bewerbern vieler Masterstudiengänge noch ein spezieller Eignungstest abverlangt, der zeigen soll, ob er oder sie für das Studium geeignet ist. Auch wird meist ein bestimmter

Notendurchschnitt in der Abschlussnote des Erststudiums vorausgesetzt. Wenn man also schon bald weiß, dass man nach dem Bachelorstudium noch ein Masterstudium anschließen möchte, dann sollte man so frühzeitig wie möglich nach den Bedingungen für das angestrebte Masterstudium fragen. Denn nur dann kann man zusehen, dass man während des Bachelorstudiums bereits die Weichen stellt, um das eine oder andere für das Masterstudium geforderte Kriterium zu erfüllen.

3.3.3 Wie sieht ein Masterstudium aus?

Ebenso wie im Bachelorstudiengang sind die Lehrinhalte auch im Masterstudiengang in Module aufgeteilt. Ein Modul stellt eine thematisch geschlossene Wissenseinheit eines Stoffgebietes dar. Es gibt Pflichtmodule, die alle Studierende eines Studiengangs absolvieren müssen. Dann gibt es Wahlpflichtmodule, die aus bestimmten Themenbereichen ausgewählt werden können und Wahlmodule als frei wählbare Einheiten. Sinn der Modularisierung ist es, dass Studierende ihr Studium nach eigenen Interessen und im Hinblick auf eine im Rahmen des Faches individuelle Berufsorientierung hin ausrichten können.

Ein Modul besteht aus mehreren Lehrveranstaltungen (Vorlesungen, Seminare, Übungen, Projektarbeit etc.), die mit einer Prüfungsleistung abschließen. Die Studierenden erhalten für jede erfolgreich absolvierte Lehrveranstaltung entsprechende ECTS und eine Note. Dies ist genau wie im Bachelorstudium. Je nach Regelstudienzeit des betreffenden Masterstudiengangs sind 60–120 ECTS-Leistungspunkte zu sammeln.

Außerdem ist am Ende des Studiums eine wissenschaftliche Abschlussarbeit, die Masterarbeit, anzufertigen. Mit der Masterarbeit soll der Prüfungskandidat nachweisen, dass er in der Lage ist, eine Fragestellung des Faches selbständig und nach wissenschaftlichen Methoden zu bearbeiten und die Ergebnisse sachgerecht darzustellen. Inhaltlich steht die Masterarbeit in der Regel in Bezug zu den studierten Modulen des Masterstudiengangs. Der Arbeitsaufwand hierfür beträgt – je nach Studiengang – 3 bis 6 Monate.

3.3.4 Welche Qualifikation erwirbt ein Masterstudent?

Das Fachwissen eines Masterabsolventen zeichnet sich durch Tiefe und Komplexität aus. Je nach Art des Masterstudiengangs (konsekutiv, nicht-konsekutiv) erwirbt der Studierende eine ausgeprägte fachliche Spezialisierung bzw. eine interdisziplinäre Vertiefung im Hinblick auf die im Bachelorstudium erworbenen Kenntnisse.

Von den Absolventen aus mehr anwendungsorientierten Masterstudiengängen wird im Berufsleben verlangt, dass sie eigenverantwortlich handeln können und in der Lage sind, ihr Wissen eigenständig zu erweitern und anzuwenden. In stärker forschungsorientierten Masterstudiengängen qualifizieren sich die Absolventen zu einer Laufbahn im Bereich Forschung und Entwicklung.

3.4 Häufig gestellte Fragen

Wer schließlich alle Aufnahmehürden überwunden hat und sein Studium beginnt, will natürlich wissen, ob es Dinge gibt, die er unbedingt während des Studiums beachten sollte. Dazu gehört die Frage, wie man sein Studium sinnvoll planen soll, und – speziell bei einem Medienstudiengang – stellt sich zusätzlich die Frage, was man im Verlaufe des Studiums tun kann, um möglichst viele praktische Erfahrungen zu erwerben.

3.4.1 Wie kann ich mein Studium sinnvoll planen?

Die neuen modularisierten Bachelor- und Masterstudiengänge ermöglichen es, seinen Semesterplan weitestgehend selbständig zu erstellen. Neben einigen Pflichtvorlesungen besteht die Möglichkeit, sich eigenständig Lehrveranstaltungen aus dem Gesamtangebot des Studiengangs auszusuchen, welche das persönliche Interesse wecken. Dies verlangt natürlich auch ein hohes Maß an Selbständigkeit, denn hier bekommt man keinen vorgefertigten Stundenplan vorgesetzt. Jedoch stellt dies für viele einen besonderen Anreiz dar, weil man seine Seminare nach eigenen Präferenzen zusammenstellen kann.

Man sollte sich hier allerdings nicht nur nach Lust und Laune treiben lassen. Denn insgesamt sollte am Ende des Studiums durch die getroffene Auswahl an Modulen eine Schwerpunktsetzung stehen. Denn wenn Sie sich bei einem Medienunternehmen bewerben, sollte dies Auskunft über Ihre Kompetenzen und Interessen geben. Häufig sind nicht allein die Noten wichtig, sondern vielmehr, dass jemand im Studium klar gezeigt hat, in welche Richtung er oder sie gehen will. Mit einer sinnvollen Planung zeigt man neben der inhaltlichen Fachkompetenz aber auch Selbständigkeit und Eigenverantwortlichkeit.

In den Augen der Personalverantwortlichen von Medienunternehmen ist es meist nicht so wichtig, welcher Abschluss erworben wurde. Wichtig ist aber in jedem Fall, dass bestimmte Schwerpunkte im Studienverlauf gesetzt wurden, die für die betreffende Stelle, die man haben möchte, relevant sind. D. h. wichtig ist nicht der Studienabschluss, sondern die Ausrichtung des Studiums. Und hier geben die neuen Bachelor- und Masterstudiengänge, egal ob an Fachhochschulen oder Universitäten, viel in die Eigenverantwortung der Studierenden.

3.4.2 Wie bekomme ich Medienpraxis?

Praktika werden von Medienbetrieben eigentlich durchweg als positiv und als wichtige Einstellungsvoraussetzung gesehen. Deshalb sollte man während des Studiums darauf achten, Praktika oder auch Aushilfsjobs im interessierenden Tätigkeitsfeld zu machen.[2]

Sobald man also eine ungefähre Vorstellung hat, in welche Richtung es beruflich gehen soll, sollte man Praxisluft schnuppern.

---

[2] Literaturtipps zum Thema Praktikum:
- Glaubitz, Uta (2006): Generation Praktikum. Mit den richtigen Einstiegsjobs zum Traumberuf. Heyne.
- Püttjer, Christian; Schnierda, Uwe (2006): Bewerben um ein Praktikum. Campus Verlag.
- Fasel, Christoph et al. (2005): PraktikumsKnigge – Leitfaden zum Berufseinstieg.

Praktika von einer Länge von mehreren Wochen bis zu einem Jahr werden bei verschiedenen Studiengängen im Verlaufe des Studiums oder bereits als Zugangsvoraussetzung verlangt.

Aber auch wenn die Studienordnung des gewählten Studienfaches keine Praktika vorsieht, ist es eine gute Entscheidung ein Praktikum zu machen, z. B. in den Semesterferien. Neben der Praxiserfahrung kann man damit in jedem Falle auch seine Medienaffinität zeigen, die häufig bereits bei der Aufnahme für ein Studienfach nachgefragt wird und dargelegt werden soll und die auch bei der Bewerbung um ein Stelle ein wichtiges Kriterium für die Beurteilung des Bewerbers sein wird. Man zeigt durch ein Praktikum in jedem Falle sein Interesse für einen bestimmten Medienbereich und man zeigt auch, dass man praxisnahe Erfahrungen gesammelt hat. Vorausgesetzt natürlich, bei dem Praktikumsplatz handelt es sich um ein Medienunternehmen.

In manchen Medienbetrieben wird speziell auf die Praktikaerfahrungen in den Bewerbungen geachtet. Für Studierende, die später in der Medienbranche arbeiten möchten, ist es meist wichtig, während der Studienzeit viel Praktikumserfahrung zu machen.

Aber auch für Praktikumsstellen gibt es mittlerweile zahlreiche Mitbewerber, gegen die man sich durchsetzen muss. Dazu muss man sich aus der Masse hervorheben und seinem künftigen Arbeitgeber deutlich machen, warum man für die Praktikumsstelle geeigneter ist als seine Mitbewerber. Vor allem muss man vorher genau überlegen, auf welche Stelle man sich bewirbt. Entscheidend ist, dass man sich auf seine Stärken und Schwächen besinnt und einschätzen kann, was man kann und was man will. So kann man vermeiden, sich auf eine unpassende Stelle zu bewerben.

4 Medienstudiengänge

Es ist hier nicht möglich, über einzelne Berufe zu sprechen, die mit den Medien zusammenhängen. Wenn Sie dazu Informationen suchen, dann stöbern Sie entweder auf den im Kap. 7 angegebenen Websites. Außerdem gibt es einige Bücher zu Berufsbildern von Medienberufen im Buchhandel. Für Studiengänge ist es allerdings grundsätzlich besser, von Berufsfeldern oder Berufsbildern zu sprechen.

Es gibt hunderte von Studiengängen an Hochschulen, Fachhochschulen, und anderen, teils auch privaten Bildungseinrichtungen. Es ist also unmöglich alle einzeln aufzuführen oder gar zu vergleichen. Wer sich einen Überblick verschaffen möchte, der kann unter www.medienstudienfuehrer.de/studienfuehrer viele Studiengänge finden.

Es entstehen auch laufend neue Studiengänge oder alte Studiengänge werden umstrukturiert, neu benannt und Inhalte aktualisiert. Denn neben der formalen Neuordnung durch Bachelor- und Masterabschlüsse, bringt die Umstrukturierung, die im Zuge des Bologniaprozesses (siehe Abschn. 3.1) stattfand und immer noch stattfindet, teils auch eine inhaltliche Neugestaltung der Studiengänge mit sich. Es entstehen vielfältige und zeitgemäße Qualifikationsprofile, auch mit erheblich kürzeren Studienzeiten.

Die folgenden Kapitel sind als eine Orientierung zu verstehen und vielleicht als Hilfe, um zu entscheiden, in welche Richtung man gehen will.

4.1 Journalistische Studiengänge

Eine öffentliche Diskussion über aktuelle Themen ist die Grundlage jedes öffentlichen Zusammenlebens. Journalisten übernehmen dabei die Aufgabe der publizistischen Arbeit zum Zweck der Meinungsbildung. Sie können damit als „vierte Gewalt" im Staat politische, gesellschaftliche und ökonomische Abläufe beeinflussen.

Aber heute stehen Journalisten häufig auch in der Kritik, durch Sensationsgier und unsachliche, unvollständige und teilweise auch falsche Berichterstattung dem Auftrag der Wahrheitsfindung nicht nachzukommen. Durch die Struktur und Marktanteile mancher Verlagskonzerne wird heute auch eine Bildung von Meinungsmonopolen befürchtet.

Die rechtliche Grundlage journalistischer Tätigkeit ist durch die Pressefreiheit (Grundgesetz) und durch die in den jeweiligen Bundesländern geltenden Landespressegesetze geregelt.

Journalistikstudiengänge erheben den Anspruch, die Studierenden auf eine verantwortungsvolle Berufstätigkeit im journalistischen Bereich vorzubereiten und ihnen dafür die erforderlichen Kenntnisse, Fähigkeiten und Methoden zu vermitteln.[1]

4.1.1 Inhalte von Journalistik-Studiengängen

Wer als Redakteur bei einer Tageszeitung, einer Zeitschrift, bei einem Hörfunk- oder Fernsehsender angestellt werden will, muss in der Regel zunächst eine Volontariatsausbildung durchlaufen. Ein Volontariat dauert 24 Monate und endet ohne Prüfung. Die Volontäre erhalten aber ein Zeugnis, auf dem alle Ausbildungsstationen vermerkt sind, die durchlaufen wurden. Das Zeugnis gibt außerdem Auskunft über den Erfolg der Ausbildung.

Ein Volontariat gliedert sich in Produktion, Redaktion und Theorie. Es wird von den Verlagen und Sendern nach ihren jeweiligen Anforderungen gestaltet.

---

[1] Buchtipp: LaRoche, Walter (2006): Einführung in den praktischen Journalismus. Econ.

Voraussetzung für ein Volontariat ist in der Regel eine abgeschlossene Berufsausbildung und zunehmend häufig ein abgeschlossenes Studium. Entscheidend für die Übernahme eines Bewerbers in ein Volontariat ist in den meisten Fällen der Nachweis einer qualifizierten journalistischen Leistung. Dies geschieht häufig über die freie Mitarbeit in einer Redaktion oder durch den Kontakt in Praktika.

Eine Alternative zum Volontariat ist die Journalistenschule. Auch dort wird man zum Redakteur ausgebildet. Wer sich bewerben will, darf allerdings eine gewisse Altersgrenze nicht überschreiten (29 Jahre bzw. 31 Jahre für das Aufbaustudium). Voraussetzung ist allerdings das Bestehen einer zweistufigen Aufnahmeprüfung. Die Bewerber müssen als Hausaufgabe ein Thema bearbeiten, z. B. in Form einer Reportage. Sie müssen dabei bestimmte Zeichen- und Zeilenbegrenzungen einhalten und den Rechercheweg separat dazu dokumentieren. Eine Anzahl der besten Bewerber wird zu einem Assessment Center (persönliches Gespräch, schriftliche Arbeitsproben, Wissenstest usw. – siehe Abschn. 2.1) eingeladen.

Aber die Plätze sind knapp.[2] Die Journalistenschüler durchlaufen in einer 16-monatigen Ausbildung zum Redakteur verschiedene Lehrredaktionen für Print, Hörfunk, TV und Online. Es werden außerdem mehrere Praktika absolviert.

Die Absolventen einer Journalistenschule erhalten ein Zertifikat, das ihnen den Abschluss einer Redakteursausbildung bescheinigt. „Redakteur" ist im Gegensatz zur Bezeichnung „Journalist" eine geschützte Berufsbezeichnung. Ein Redakteur hat die Aufgabe, für eine Zeitung, eine Zeitschrift für Hörfunk oder Fernsehen Beiträge auszuwählen (z. B. über Agenturtexte), zu bearbeiten oder auch selbst zu schreiben. Besonders die Tarifverbände legen Wert auf diese Unterscheidung.[3]

---

[2] In der Deutschen Journalistenschule gibt es 2000 Bewerbungen auf 45 Plätze im Jahr. 160 Bewerberinnen und Bewerber werden zu einem Auswahlverfahren eingeladen. Quelle: http://www.djs-online.de/index2.html?../bewerbung/bewerbung.htm

[3] Quelle: Deutsche Journalistenschule, URL: http://www.djs-online.de/index2.html?../bewerbung/bewerbung.htm

Das Journalistikstudium hingegen führt nicht nur in das Handwerk des Journalismus ein, sondern verbindet die Praxis mit Theorie. An Hochschulen entstehen zunehmend praxisbezogene Ausbildungsangebote, in denen Journalisten die mediale Vermittlung von journalistischen Inhalten erlernen. Neben dem Wissen über diese Grundlagen der journalistischen Arbeit und des Journalismus vermittelt das Studium auch Sachwissen über verschiedene Ressorts und Fachwissen über die Medien. So lernen die Studierenden vom ersten Semester an, sich die grundlegenden journalistischen Fertigkeiten anzueignen und unter berufstypischen Arbeitsbedingungen einzusetzen. Dies gilt für alle journalistischen Arbeitsbereiche wie Film, Fernsehen, Printmedien und Bildschirmmedien, Fotografie und Gestaltung. Lehrredaktionen für Print, Hörfunk, Fernsehen oder Online verbinden berufliches Grundwissen und journalistische Vermittlungskompetenz mit Methoden des Redaktionsmanagements. In kontinuierlichen Übungszusammenhängen wird im Team ein veröffentlichungsfähiges redaktionelles Produkt erstellt. Dabei übernehmen die Studierenden unterschiedliche Funktionen innerhalb der Redaktion.

Sie lernen dabei journalistische Genres und Recherche, aber auch Interviewstrategien, Reportage usw. Die Studierenden lernen auf diese Weise aber auch die Abläufe und Strukturen von Medienunternehmen kennen. Sie erstellen eine eigene Zeitung (Recherche, Fotos, Text, Layout, Druckvorlagenerstellung).

Trotz dieses Praxisbezugs erspart ein Journalistikstudium dem Absolventen aber in der Regel nicht das Volontariat in einem Verlag oder Sender, wenn man Redakteurin oder Redakteur werden will.

Darüber hinaus eignen sich die Studierenden in einem Journalistikstudium auch ein solides Grundwissen der Medienwissenschaft und der wissenschaftlichen Methoden an.

Als Voraussetzung für den Beginn eines Journalistik-Studiums an einer Hochschule wird gerne ein Fachpraktikum verlangt, das zumindest teilweise vor Aufnahme des Studiums liegen muss. Ziel eines solchen Fachpraktikums ist es, die Studierenden mit Tätigkeiten in einem für Absolventen des Studiengangs typischen Arbeitsfeld vertraut zu machen. Ein solches Fachpraktikum leistet man beispielsweise in einem Verlag, einer Redaktion, einer Kommunikationsagentur, einer Presseabteilung, einem Medienunternehmen, einer Technischen Redaktion oder in einem ähnlichen Arbeitsfeld ab.

Quereinsteiger mit einschlägigen Ausbildungs- und Berufstätigkeiten haben hier meist einen klaren Vorteil. Unter Umständen – wenn es die Studienordnung zulässt – können sie einen Antrag auf Anerkennung dieser Berufserfahrung als Praktikumszeit stellen.

4.1.2 Berufsfelder für Journalisten

Es wird zwischen Print-, Agentur, Rundfunk- und Fernsehjournalismus sowie Online-Journalismus unterschieden.

In der Praxis gibt es verschiedene Ausprägungen journalistischer Arbeit. Journalisten (v. a. als Redakteure) stützen sich auf Presseerklärungen oder Agenturmeldungen, die sie für Informationszwecke übernehmen. Häufig wird die Nachricht aber auch vom Journalisten zusätzlich in ihrem Kontext dargestellt und mit Hintergrundinformationen ergänzt. Dafür bedarf es der fachlichen Sachkenntnis und eigenen Recherche des Journalisten. Beispiel ist die Form des Berichts oder der Reportage. In Kommentaren oder Glossen produzieren Journalisten Nachrichten mit deutlicher Wertung und Stellungnahmen. Durch eigene Recherche und Veröffentlichung von Unstimmigkeiten oder gar Skandalen erfüllen Journalisten auch eine wichtige Funktion bei der Kontrolle der Staatsorgane (auf allen demokratischen Verwaltungsebenen) in modernen Demokratien.

Online-Journalismus mit all seinen Spezifika wird als neue Form medialer Kommunikation in den bisherigen akademischen und berufsbildenden Ausbildungen noch kaum beachtet.

Allerdings besteht vielerorts mittlerweile die Überzeugung, dass sich das Berufsbild von Journalisten durch die Online-Medien und die dadurch entstehenden neuen Formen medialer Kommunikation tief greifend verändern wird. Der Umgang mit dem Internet wird als neu zu erlernende Kulturtechnik begriffen, die es mit sich bringt, dass die Präsentation von Inhalten deutlich vielseitiger und komplexer wird.

4.2 Kommunikations- und Medienwissenschaft

Die Kommunikationswissenschaft ist ein junges Fach, deshalb ist bislang noch nicht einmal die Bezeichnung des Studienfaches einheitlich. Es finden sich die Bezeichnungen Publizistik(wissenschaft) oder Medienwissenschaft, manchmal steht einer dieser Namen im Titel auch in Verbindung mit Journalistik.

Kommunikations- und Medienwissenschaften beschäftigen sich mit öffentlicher Kommunikation. Dabei stehen vor allem die Massenmedien mit ihren Strukturen, Funktionen und Wirkungen im Mittelpunkt. Die Studierenden lernen, wie sich die Massenmedien entwickelt haben, welchen Einfluss sie auf die öffentliche Meinung haben und wie diese Medien auf die Nutzer wirken. Die Medienwissenschaft untersucht die Struktur und den Wandel der Medien in historischer und systematischer Perspektive. Der Gegenstandsbereich kann je nach Hochschule breit gefächert sein und von der Entwicklung der Schrift über die Bildmedien bis zum Computer gehen. Aufgrund der maßgeblichen Beteiligung von Medien bei der Veränderung von Kultur, Kommunikation und Gesellschaft ist das Fach eigentlich immer interdisziplinär ausgerichtet.[4]

Im Kern sind Kommunikations- und Medienwissenschaften sozialwissenschaftliche Fächer. Sie arbeiten deshalb mit sozialwissenschaftlichen Methoden. D. h. es spielen sowohl Kommunikationstheorien und theoretische Modelle eine Rolle als auch empirische Arbeit und sozialwissenschaftliche Methoden zur Untersuchung von Medieninhalten und zur Datenerhebung und Datenanalyse.

---

[4] Eine komplette Beschreibung des Faches würde hier zu weit führen. Man kann sich aber mit Hilfe der folgenden Literatur einen guten Überblick über den Gegenstand und die Arbeitsweisen der Kommunikations- und Medienwissenschaft verschaffen.

- Merten, Klaus (1999): Einführung in die Kommunikationswissenschaft (2 Bände), Münster.
- Schmidt, Siegfried J. und Guido Zurstiege (2000): Orientierung Kommunikationswissenschaft. Was sie kann, was sie will, Reinbek.

In diesem Rahmen gehören auch praxisnahe Themen wie Meinungsforschung, Public Relations, Werbung und Journalismus zu den Studieninhalten. Wer allerdings Journalist werden will, ist hier nicht unbedingt am richtigen Platz. Denn obwohl es diese Angebote gibt, füllen sie nicht den zentralen Sinn und Schwerpunkt des Studiums. Denn man beherrscht nach dem Studium nicht primär die journalistischen Techniken und man ist auch kein Experte auf klassischen inhaltlichen Gebieten, die normalerweise bei beruflichen journalistischen Tätigkeiten gefragt sind, wie Politik, Wirtschaft, Naturwissenschaften etc.

4.2.1 Studieninhalte von Kommunikations- und Medienwissenschaften

Kommunikations- und Medienwissenschaftler beschäftigen sich vorwiegend mit den Bedingungen, Arten, Inhalten und Folgen von öffentlicher Kommunikation, insbesondere der durch die Massenmedien vermittelten Kommunikation. Infolge dessen vermitteln die Studieninhalte natürlich das theoretische Wissen und das Handwerkzeug hierzu. D. h. die Studierenden müssen sich mit der Theorie in Bezug auf die allgemeinen Grundlagen der menschlichen Kommunikation, der Kommunikation in Gruppen und Organisationen auseinandersetzen.

Das Studium der Kommunikations- und Medienwissenschaften vermittelt daher verschiedene Kompetenzen:

- Kulturwissenschaftliche Kompetenz: zur Analyse medialer Ausdrucksformen und Kommunikationstechniken.
  Hierzu gehört eine fundierte Kenntnis über Institutionen, Funktionen und Fragestellungen des Mediensystems. Hierzu gehört auch die Kenntnis der Rahmenbedingungen von Medien und Kommunikation, die durch Ökonomie, Politik und Recht gesetzt werden und welche Einflüsse die Medien selbst auf die Gestaltung dieser Rahmenbedingungen haben. Von besonderer Bedeutung sind dabei unter anderem aktuelle Fragestellungen, die sich aus den gravierenden Veränderungen von Medienangeboten vor dem Hintergrund gesellschaftlicher

Funktionen von Medien und deren Organisation ergeben (Globalisierung, Ökonomisierung, Konvergenz, Vernetzung, Flexibilisierung, Mobilität).

- Methodologische Kompetenz: zur Entwicklung und Durchführung von Untersuchungsverfahren in Bezug auf die Inhalte und Präsentationsformen der Massenmedien wie auch das Selektions- und Nutzungsverhalten der Rezipienten.
  Die Studierenden lernen die Grundlagen und Verfahren der empirischen Sozialforschung kennen und anwenden. Sie erwerben Wissen darüber, welche quantitativen und qualitativen Techniken zur Datenerhebung und Datenauswertung eingesetzt werden.
  Wer sich für Medienwissenschaften interessiert, darf insbesondere auch vor Statistik keine Angst haben. Denn zu den grundlegenden Techniken sozialwissenschaftlichen Arbeitens gehören die Methoden und Verfahren für statistische Analysen (Varianz-, Faktoren-, Clusteranalyse), z. B. in der Markt-, Meinungs-, PR-, Evaluations- und Medienforschung. Medienwissenschaftler brauchen außerdem auch die praktischen Fertigkeiten im Umgang mit Statistikprogrammen (z. B. SPSS), um selbständig ihre Untersuchungsdaten fachspezifisch auszuwerten.
- Praxisbezogene Kompetenz: Sie bezieht sich auf den Umgang mit den Techniken der Herstellung, Darstellung und Vermittlung von Texten, Bildern und anderen Informationsformaten. Solche praxisbezogene Kompetenz erwerben die Studierenden vor allem in medienpraktischen Studienabschnitten. Dies bedeutet beispielsweise, dass die Studierende Lehrveranstaltungen belegen, in denen journalistische Arbeitsmethoden gelehrt werden. Mit den genannten Studieninhalten und dem damit verbundenen Kompetenzerwerb sollen die Studierenden in die Lage versetzt werden, kommunikations- und medienwissenschaftliche Fragestellungen und Probleme zu erkennen, diese mit wissenschaftlichen Methoden sachgerecht und kritisch zu analysieren und geeignete Lösungsmöglichkeiten zu finden.

Einige kommunikations- und medienwissenschaftliche Studiengänge geben den Studierenden die Möglichkeit zur Schwerpunktsetzung. Dies kann in der wissenschaftlichen Kommunikationsforschung, in der Markt-, Medien- und Meinungsforschung, in der Öffentlichkeitsarbeit oder in redaktionellen Tätigkeiten in Presse, Hörfunk und Fernsehen sein. Bei letzterem geht es aber weniger um journalistisches Handwerk als beispielsweise um Probleme der Informationsvermittlung durch das Mediensystem, insbesondere Probleme der Informationsbeschaffung (Recherche, Thematisierung) und der Informationsverarbeitung durch Nachrichtenagenturen, Radio, Fernsehen und interaktive Massenmedien.

Obwohl diese Studienabschnitte an beruflichen Tätigkeitsfeldern orientiert sind, wird häufig darauf hingewiesen, dass durch das Studium aber nicht die Berufsfertigkeit im Sinne der unmittelbaren Einsatzfähigkeit in spezifischen beruflichen Positionen erreicht wird. Es wird höchstens Berufsfähigkeit im Sinne der umfassenden Kenntnis von Theorien, Methoden und der Kompetenz zur Abstraktion und zum Transfer erreicht.

Vor allem die Masterstudiengänge bieten hier Spezialisierungsrichtungen an, wie beispielsweise Medien- und Meinungsforschung oder Public Relations und politische Kommunikation. Letzteres bedeutet beispielsweise, dass der Schwerpunkt der Studien auf der wissenschaftlichen Auseinandersetzung mit Phänomenen der Darstellung, Vermittlung und Wahrnehmung von Politik in modernen Gesellschaften liegt. Eine solche Schwerpunktsetzung kann dann beispielsweise auf eine Tätigkeit in einem sich ausweitenden Berufsfeld politischer Öffentlichkeitsarbeit, politischer Kommunikationsberatung und Public Affairs liegen.

4.2.2 Berufsfelder für Absolventen

Typische Betätigungsfelder für Medienwissenschaftler sind vor allem planerisch-konzeptionelle Funktionen in Verlagen und Medienunternehmen, z. B. in der Programmplanung. Aber je nach Schwerpunkt können die Tätigkeiten auch in der Markt- und Meinungsforschung oder auch in der Öffentlichkeitsarbeit liegen. Solche Betätigungsfelder für Kommunikationswissenschaftler finden sich in Redaktionen von Fernsehsendern, Hörfunkstationen, Zeitungen oder Zeitschriften.

Kommunikationswissenschaftler sind häufig aber auch im Bereich der Öffentlichkeitsarbeit oder der Unternehmenskommunikation zu finden – etwa bei einer Agentur oder in den Pressestellen von Firmen, Verbänden oder Institutionen.

Aber auch andere Berufsfelder sind für Kommunikationswissenschaftler interessant. Das Studium, insbesondere an einer Universität, ist sicherlich auch ein guter Einstieg in Wissenschaft und Forschung. Neben Kommunikationsforschung können die Betätigungsfelder für Kommunikationswissenschaftler aber z. B. auch Marktforschung, Personalwesen oder die Werbebranche sein. Grundsätzlich bereiten die Studiengänge auf viele Tätigkeiten in der Medien-, Werbe- und Marktforschung sowie der Öffentlichkeitsarbeit, mit dem entsprechenden Schwerpunkt auch insbesondere in politischen Institutionen vor.

Ein neues Berufsfeld ist der Internet-Bereich und hier vor allem der Online-Journalismus. Aber auch hier gilt, dass im Gegensatz zu Volontariat, Journalistenschule oder Journalistikstudium das Fach Kommunikationswissenschaft nicht auf praktische Redaktionsarbeit oder Öffentlichkeitsarbeit ausgerichtet ist.

Wie bei allen Medienberufen ist vor allem die Praxiserfahrung – neben einem möglichst guten Studienabschluss – sehr wichtig für die späteren Chancen in der Berufswelt. Deshalb müssen in den meisten kommunikations- und medienwissenschaftlichen Studiengängen die Studierenden auch medienpraktische Kurse absolvieren. Manchmal ist auch ein Praktikum verpflichtend. Praxiserfahrung kann man aber auch gut über freie Mitarbeit bei lokalen Medien oder über Praktika während der Semesterferien sammeln. Manche Hochschulen raten sogar, dass es für ein besonders interessantes Praktikum durchaus auch sinnvoll sein kann, ein Semester an der Hochschule auszusetzen und sich beurlauben zu lassen.

Hinsichtlich der Berufsaussichten für Kommunikationswissenschaftler ist zu sagen, dass die Verantwortlichen von Kommunikationsstudiengängen die Berufsaussichten für Kommunikationswissenschaftler relativ gut einschätzen. Wenngleich dies oft nur für Zeitverträge oder freie Mitarbeit gelten mag. Insbesondere Berufsanfänger müssen sich damit begnügen. Außerdem wird von ihnen oft – in zeitlicher und räumlicher Hinsicht – Flexibilität erwartet.

4.3 Medienwirtschaft

Die schnelle technologische Entwicklung und das Aufkommen neuer Medien haben zu zusätzlichen Herausforderungen und neuen Berufsfeldern in der Medienbranche geführt. Gerade in den sich dynamisch entwickelnden Unternehmen der Kommunikations- und Medienbranche besteht deshalb ein besonderer Bedarf an umfassend qualifizierten Hochschulabsolventen, die in den Themen Kommunikation, digitale Medien/E-Business fachspezifische Kenntnisse haben, gleichzeitig aber auch über ein betriebswirtschaftliches Grundlagenwissen verfügen. Letzteres ist deshalb wichtig, weil auch Medien unter betriebswirtschaftlichen Rahmenbedingungen entstehen.

Gemeinsam ist allen Medienwirtschaftsstudiengängen der Anspruch, die Themen „Ökonomie und Medien“ miteinander zu verbinden und Querschnittswissen rund um die Medienproduktion in Verbindung oder sogar auf der Grundlage einer soliden ökonomischen Ausbildung anzubieten. Dadurch unterscheiden sich medienwirtschaftlich orientierte Studiengänge von rein wirtschaftlichen oder journalistischen, technischen oder gestalterischen Studiengängen. Den Studierenden wird einerseits die wirtschaftliche Kompetenz vermittelt, um bei der Planung, bei der Umsetzung und beim Einsatz der jeweiligen Medien in der späteren Berufspraxis Entscheidungen treffen zu können. Andererseits erhalten Studierende sowohl in der Theorie als teilweise auch in der praktischen Arbeit Einblicke in die Medienproduktion. So lernen die Studierenden, teils auch in eigenen Projekten, worauf es bei der Herstellung von Medien ankommt.

Bislang wählten und wählen auch bereits viele Studierenden aus klassischen Fächern wie Kommunikationswissenschaft ein Nebenfach wie Betriebswirtschaftslehre, um diese für die Medienwirtschaft typische Verbindung von „Ökonomie und Medien" über diese Fächerkombination in ihrem Studium herzustellen. Inzwischen gibt es aber auch eine Reihe kompakter Studiengänge, die beide Schwerpunkte zusammenlegen und aufeinander abstimmen. Diese Studiengänge haben meist auch einen relativ hohen Praxisbezug, der in der Regel höher ist als bei den selbst gewählten betriebswirtschaftlichen Kombinationslösungen.

4.3.1 Studienschwerpunkte in der Medienwirtschaft

Medienwirtschaftliche Studiengänge konzentrieren sich auf die wirtschaftlichen Belange der Medienindustrie. Allerdings ist das Ziel der meisten Medienwirtschaftsstudiengänge, den Studierenden betriebswirtschaftliche, medienökonomische, medienproduktionelle sowie kommunikative Kompetenzen zu vermitteln. Ein breit gefächertes Medienangebot versetzt Studierende der Medienwirtschaft in die Lage, verschiedene, für die Medienbranche relevante Bereiche im Verlaufe des Studiums miteinander zu verknüpfen.

Dabei setzen medienwirtschaftliche Studiengänge einen deutlichen Schwerpunkt in einer wirtschaftswissenschaftlichen Ausbildung, um ein Verständnis für „Medienmärkte" und „Medienprodukte" zu schaffen. Die Studierenden erwerben die wirtschaftlichen Kompetenzen für die Planung, die Umsetzung und den Einsatz von Medien. Schwerpunkte im wirtschaftlichen Bereich sind die Grundlagenfächer Betriebswirtschaftslehre (insbesondere betriebswirtschaftliche Abläufe in Medienunternehmen) und Volkswirtschaftslehre.

Um wirtschaftliche Entscheidungen im Bereich der audiovisuellen Medien treffen zu können, bedarf es kaufmännischer, organisatorischer und produktionstechnischer Kenntnisse. Mit Blick auf eine sich immer schneller verändernde technische Entwicklung werden jedoch auch Kenntnisse aus den Bereichen Mediengestaltung (Konzept, Programmgestaltung) und Medientechnik notwendig. Erst durch die Einbeziehung von Gestaltung- und Technikkenntnissen können Medienprodukte und Medieneinsatz unter wirtschaftlichen Gesichtspunkten zielgruppenorientiert und kosteneffektiv geplant und realisiert werden.

Diese Kenntnisse sind heute auch in der Informationsverarbeitung und Kommunikationspolitik moderner Unternehmen unabdingbar. Dadurch erweitern sich die Einsatzmöglichkeiten von Absolventinnen und Absolventen eines Medienwirtschaftsstudiengangs weit über die Medienbranche hinaus.

Oft findet eine Vertiefung und Spezialisierung in bestimmten Bereichen erst im Masterstudium statt. In vielen medienwirtschaftlichen Studiengängen ist auch eine individuelle Schwerpunktsetzung möglich. So ist in späteren Semestern oft eine Spezialisierung in weiteren Fächern möglich, beispielsweise solchen Fächern, die Managementkompetenzen (z. B. Strategie, Controlling, Marketing) für das Management von Medienunternehmen vermitteln. Spezielles Medienmanagement zu einzelnen Bereichen, wie z. B. TV oder Internet erlaubt die Vertiefung des Wirtschaftswissens. Nicht zuletzt aufgrund solcher Ausrichtungen wird vielfach nicht die Bezeichnung Medienwirtschaft für das Studienfach gewählt, sondern Medienmanagement.

Die Verknüpfung von Ökonomie und Medien unterscheidet medienwirtschaftliche Studiengänge von journalistischen, technischen oder gestalterischen Studiengängen. Weitere Säulen neben der Ökonomie bilden im medienwirtschaftlichen Studium in einigen Studiengängen die Medientechnik und die Mediengestaltung. Vereinzelt versuchen Hochschulen auch Medienwirtschaft in Verbindung mit Journalistik anzubieten. In diesem Falle vermittelt die zusätzliche Ausbildung als Journalist/in auch fundierte theoretische Kenntnisse auf allen Gebieten des Journalismus und eventuell auch der Öffentlichkeitsarbeit. Dazu gehört auch die Erstellung journalistischer Produkte in Print, TV, Hörfunk, Internet und Multimedia.

Zum medienwirtschaftlichen Studium gehört auch eine Methodenausbildung. Studierende können Fächer und Inhalte wie folgt erwarten:

- Mediensysteme: Die Studierenden erwerben Kenntnisse über die historischen, ökonomischen und rechtlichen Grundlagen der Massenmedien. Dies soll sie in die Lage versetzen, die spezifische Struktur verschiedener Mediensysteme zu verstehen und zukünftige Entwicklungen einzuschätzen.

- Medienrezeption und Medienwirkung: Erworben werden Kenntnisse über die Nutzung der Massenmedien und die damit verbundenen Wirkungen. Grundlage hierzu ist das Verständnis der wichtigsten Theorien und Modelle der Kommunikationsforschung. Die Studierenden sollen einen Einblick in die aktuellen Fragestellungen und Methoden der Rezeptions- und Wirkungsforschung erhalten.
- Medienangebote und Medienanbieter: Es werden Kenntnisse über die typischen Inhalte der Massenmedien und Prozesse der Informationsbereitstellung durch die Massenmedien vermittelt. Die Studierenden sollen die typischen Produktions- und Darstellungsweisen verstehen lernen.
- Erhebungsmethoden und Analyse empirischer Daten: Die wichtigsten Verfahren der Datenerhebung werden eingeübt. Neben Befragung und Inhaltsanalyse wird auf die Medienforschung als besonders relevantes Praxisfeld eingegangen. Die Studierenden sollen lernen, selbständig Erhebungsinstrumente zu entwickeln und einzusetzen.

Die Ausbildung in der Medienwirtschaft ist meist sehr praxisbezogen. Häufig müssen auch ein oder mehrere Praktika, vorwiegend in den Semesterferien absolviert werden. Davon meist nach Möglichkeit auch ein Auslandspraktikum.

Die Ausbildung erfolgt in allen Studiengängen in enger Zusammenarbeit mit der Wirtschaft (Projekte, Fallstudien, Exkursionen, Vorträge, Praxisreferenten). Wird auch noch die Abschlussarbeit in Zusammenarbeit mit einem Unternehmen geschrieben, dann ist ein entsprechender Projekterfolg oft schon der Einstieg in den Beruf und die beste Referenz für den späteren Beruf.

4.3.2 Voraussetzungen und Zugangsbedingungen

An verschiedenen Hochschulen wird für ein medienwirtschaftliches Studium der Nachweis eines Praktikums verlangt, das vor

Beginn des Studiums abzuleisten und bei der Einschreibung nachzuweisen ist. Die geforderte Praktikumsdauer variiert von Studiengang zu Studiengang und kann sogar bis zu 12 Monate sein. In der Regel wird verlangt, dass während der Praktikantenzeit verschiedene relevante Funktionsbereiche durchlaufen werden, z. B. Beschaffung/Logistik, Vertrieb/Marketing, Personalwirtschaft, Rechnungswesen/Controlling, Informationsverarbeitung usw.

Plant man ein Studium der Medienwirtschaft (Medienmanagement), sollte man sich in jedem Falle rechtzeitig (und dies bedeutet mindestens) ein Jahr vor Studienbeginn kundig machen, welche Vorbedingungen und Aufnahmevoraussetzungen der gewünschte Studiengang an der ausgewählten Hochschule verlangt und sich die notwendigen Bewerbungsunterlagen zuschicken lassen. Manchmal werden auch Praktika angerechnet, die beispielsweise zur Erlangung der Fachhochschulreife notwendig waren oder Quereinsteiger können davon ausgehen, dass auch einschlägige Ausbildungs- und Berufstätigkeiten auf Praktika angerechnet werden können.

Handelt es sich um einen nicht-konsekutiven Masterstudiengang, dann muss in jedem Fall ein erfolgreich abgeschlossenes Erststudium vorliegen. Erfolgreich bedeutet, dass meist eine Grenze im Hinblick auf den Notendurchschnitt gesetzt wird, der in der Abschlussnote des Erststudiums erreicht wurde. Ein Notendurchschnitt, der schlechter als 2,3 ist, hat selten eine Chance. Egal, ob die Note in einem vorausgegangenen Bachelorstudiengang oder noch in einem der alten Diplom- oder Magisterstudiengänge erworben wurde. Es ist in der Regel auch egal, ob der Abschluss an einer Universität oder an einer Fachhochschule erworben wurde.

Zielgruppe für nicht-konsekutive Masterstudiengänge sind beispielsweise leistungsstarke Absolventinnen und Absolventen mit betriebswirtschaftlichen Inhalten (z. B. BWL, Wirtschaftsingenieurwesen), idealerweise mit einem marketing- oder medienorientierten Schwerpunkt. Aber dies ist nur ein Beispiel. Auch hier sollte man sich rechtzeitig erkundigen, ob das abgeschlossene Erststudium sowohl inhaltlich als auch im Hinblick auf die Note die Zugangsvoraussetzungen erfüllt bzw. die Chancen auf eine

Aufnahme vielleicht sogar erhöht oder im negativen Fall auch schmälert. Vereinzelt gibt es auch die Möglichkeit zum berufsbegleitenden Medienmanagement-Studium.

4.3.3 Berufsfelder für Medienwirtschafter

Bachelor oder Master in Medienwirtschaft/Medienmanagement – und was dann? Welche Berufsziele können Sie mit dem Studienabschluss erreichen? Was kann ich mit einem Studium der Medienwirtschaft tun?

Generell erheben alle medienwirtschaftlichen Studiengänge, egal ob sie sich nach der älteren Bezeichnung Medienwirtschaft oder in der neueren Terminologie Medienmanagement nennen, den Anspruch, auf Managementaufgaben in Unternehmen, speziell in Medienunternehmen, vorzubereiten. Dies können Unternehmen der Massenkommunikation (Presse, Fernsehen, Radio, digitale interaktive Medien, Buch) oder der darstellenden Medien (Film, Theater, Musik) sein. Es können aber auch Agenturen und Dienstleister für die Medien sein.

Studienziel ist deshalb auch die Vermittlung einer angemessenen Führungskompetenz für das mittlere und höhere Management in Unternehmen und speziell in Medienunternehmen. Nach erfolgreichem Abschluss des Masterstudiums steht den Absolventen aufgrund der an den Schlüsselqualifikationen orientierten Ausbildung ein breites Spektrum an Einsatzmöglichkeiten in mittleren bzw. gehobenen Führungspositionen im internationalen Marketing und Medienbereich offen.

Das Studium vermittelt theoretische und praxisbezogene Kenntnisse und Fähigkeiten zur qualifizierenden Befähigung für ein breites Spektrum von Tätigkeitsfeldern im Bereich der Wirtschaftskommunikation. Dies schließt die Befähigung zur eigenverantwortlichen Planung, Umsetzung und Kontrolle von Maßnahmen und Aktivitäten der Unternehmens- und Marktkommunikation mit ein.

Das Masterstudium qualifiziert Absolventen und Absolventinnen durch einen wissenschaftlichen Abschluss für eine Führungsposition als betriebwirtschaftlich und kommunikationswissenschaftlich geschulter Spezialist/geschulte Spezialistin der Wirtschaftskommunikation in allen Bereichen der internen und externen Kommunikation in der nationalen und internationalen Wirtschaft.

Medienwirtschaftler bzw. Medienmanager/-innen arbeiten in Medienunternehmen, Verlagen, PR- und Werbeagenturen, Unternehmensberatungen, Multimediaagenturen, der Markt- und Meinungsforschung, der Wissenschaft oder in anderen Organisationen. Sie sind dort tätig im Bereich der Konzeption, Planung und Organisation, indem sie wissenschaftliche Untersuchungen durchführen oder in Auftrag geben, Informationen sammeln, aufbereiten und umsetzen. Im Einzelnen gehören dazu vier Arbeitsfelder:

- Markt- und Meinungsforschung zu Nutzung, Funktion und Wirkungen von (Medien-)Kommunikation;
- Die Planung und Durchführung von Öffentlichkeitsarbeits-, Werbe- und anderen Kommunikationsaktivitäten der Medienunternehmen (Hörfunk, Fernsehen, Zeitungen und Zeitschriften, Verlage, Werbeagenturen usw.);
- Leitung und Beratung von Kommunikationsbetrieben und von Abteilungen innerhalb anderer Organisationen und Institutionen, die sich mit Kommunikation und Medien befassen;
- Betriebliche Planungs- und Organisationsaufgaben in Medienunternehmen.

Absolventinnen und Absolventen eines Studiengangs Medienwirtschaft bzw. Medienmanagement finden ihre Einsatzgebiete bevorzugt in Führungs- und medienrelevanten Bereichen von Industrie- und Dienstleistungsunternehmen. Beispielsweise könnten die Absolventinnen und Absolventen Positionen u. a. in den folgenden Institutionen finden:

- Produktionsstudios für Audiovision, Film und Video,
- Telekommunikationsunternehmen,
- Werbeagenturen und Designstudios,
- Institute für Medienbearbeitung, Öffentlichkeitsarbeit und Kommunikation,
- Unternehmensbereiche für Aus- und Fortbildung, Medienanwendung,

- Studios bei öffentlich-rechtlichen und privaten Hörfunk- und Fernsehsendern,
- Unternehmen in der Medienbranche,
- Verlage für elektronisches Publizieren,
- Marktforschung und Beratungsunternehmen,
- Unternehmen aller Branchen mit hohem Kommunikationsbedarf.

Medienwirtschaftler sind beispielsweise für den administrativ und gestalterisch sinnvollen Einsatz der Budgetmittel einer Medienproduktion verantwortlich. Dies setzt neben kaufmännischen Kenntnissen und Organisationsvermögen auch künstlerische Fertigkeiten und Führungsqualitäten im Umgang mit Mitarbeiterinnen und Mitarbeitern voraus. Die Qualität – z. B. der Erfolg einer Film-/Fernsehproduktion – verhält sich nicht zwangsläufig proportional zur Höhe des Budgets. Nur fundierte Kenntnisse gestalterischer Arbeitsprinzipien und -prozesse, gepaart mit einem Überblick über alle Bereiche der Film-, Fernseh- und Medientechnik, versetzen Medienwirtschaftler in den Stand, organisatorisch wie betriebswirtschaftlich die jeweils richtige Entscheidung zu treffen. D. h. so zu planen, dass das übertragene Medienprojekt unter Berücksichtigung der redaktionellen und künstlerischen Erfordernisse mit möglichst geringem Aufwand an finanziellen Mitteln, Personal, Gerät und Zeit realisiert werden kann.

Im Rahmen dieser Arbeitsfelder und Arbeitstätigkeiten gehen Medienmanager/innen beispielsweise folgenden Berufen nach:

- Studien- und Projektleiter/in in der Medien(markt)forschung: Sie sind verantwortlich z. B. für neue Publikationen, „Akzeptanzuntersuchungen“ (Verbreitung und Nutzung neuer Presse- oder Rundfunkangebote), Studien zum Medieneinsatz in der Werbung („Medienplanung“). Untersuchungen zum politischen Einfluss von Medien (z. B. bei Wahlen) usw.
  Studien-/Projektleiter/innen betreuen solche Untersuchungen in Markt- und Meinungsforschungsinstituten von der Akquisition bis zur Präsentation von Ergebnissen. Dazu gehören Tätigkeiten wie: Literaturrecherche zur theoretischen Fundierung der Studie, Entwicklung eines Untersuchungsde-

signs, Ausarbeitung von Fragebögen und Interviewanweisungen, Auswahl eines geeigneten Stichprobenverfahrens, Koordination der „Feldarbeit", die Auswertung der Untersuchung und schriftliche oder mündliche Berichte über die Ergebnisse.
Die Aufgaben in Medienforschungsabteilungen ähneln denen des Projekt- oder Studienleiters in einem Markt- und Meinungsforschungsinstitut. Sie sind jedoch auf die spezifischen Zwecke z. B. einer Kommunikations- und Medienforschungsabteilung in einer Rundfunkanstalt ausgerichtet, einer Werbeagentur, eines Zeitschriftenverlages, einer Verwaltung, einer Partei, eines Verbandes (z. B. einer Gewerkschaft oder eines Unternehmerverbandes), einer Kirche oder einer anderen Organisation. Dort gilt es ebenfalls, Untersuchungen aus dem Kommunikationsbereich zu betreuen oder sie selbständig durchzuführen. Solche Studien befassen sich z. B. mit der Qualität von Medien als Werbeträger, der Bestimmung von Zielgruppen, den Motiven für die Nutzung bestimmter Medien und ihrer Angebote, mit politischen Medienwirkungen (z. B. auf Politiker- oder Parteiimages), mit der Evaluierung von Werbe- und Informationskampagnen usw.
Die Aufgaben eines Studien- oder Projektleiters erschöpfen sich aber nicht in der Planung, Durchführung und Auswertung von Untersuchungen. Seine wichtigste Aufgabe besteht in der Umsetzung von Untersuchungsergebnissen in konkrete Handlungsempfehlungen.

- Projektleiter/in in Medien-, Werbeagenturen oder Unternehmensberatungen: Sie arbeiten in einem Projektteam, das Aufträge von (Medien)unternehmen akquiriert und ausführt. Meistens sind sie in mehreren Projekten parallel als Projektmitarbeiter oder -leiter aktiv. Sie erarbeiten mit dem Auftraggeber gemeinsam eine Strategie und erstellen Kostenpläne für deren Umsetzung. Dabei geht es z. B. darum, eine vorhandene Kommunikationsstrategie zu verbessern oder einen neuen Werbeauftritt zu planen. Möglicherweise sind sie damit betraut, den Internetauftritt eines Unternehmens zu entwerfen. Für die Planung und Umsetzung greifen sie auf empirische Studien zurück, orientieren sich an dem Image des Unternehmens und der Produkte. Die Realisierung geschieht häufig in Kooperation mit Technikern und Grafikern.

- Manager und Administratoren in Medien und in Kommunikationsabteilungen: Sie arbeiten z. B. in der Programmplanung von Hörfunk und Fernsehen, in der Koordination der Öffentlichkeitsarbeit einer Behörde oder eines Betriebs, in der Planung von PR-Maßnahmen eines Verbandes.
  In dieser Position liegt das Schwergewicht auf der eigenverantwortlichen Umsetzung medienwissenschaftlicher Kenntnisse in Handlungsanweisungen an Mitarbeiter, in Budgetplanung und Organisation. Dazu gehören z. B. die Kalkulation redaktioneller Vorhaben, die Einschätzung des Wettbewerbs von Medienprodukten, um die Aufmerksamkeit des Publikums einerseits und um Werbebudgets andererseits. Es geht auch um die Auswahl, Beurteilung und Motivation von Mitarbeitern; die Entwicklung von Programm- bzw. Produktgesamtplanungen; die Analyse medienrechtlicher und medienpolitischer Vorgaben und die Beurteilung ihrer Auswirkungen für die Praxis.

Nach den Aussagen der Anbieter von Medienwirtschafts- bzw. Medienmanagementstudiengängen sind die Berufsaussichten für Absolventinnen und Absolventen grundsätzlich als günstig zu bewerten. Dies ist nicht zuletzt darauf zurückzuführen, dass Medienwirtschaftler sehr vielseitig ausgebildet sind und damit auch der großen Entwicklungsdynamik der Kommunikations- und Medienmärkte Stand halten können.

4.4 PR/Öffentlichkeitsarbeit

Public Relations (PR) bedeutet Öffentlichkeitsarbeit. Gemeint ist hier die Kommunikation zwischen einer Organisation und der Öffentlichkeit. D. h. PR-Leute oder Öffentlichkeitsarbeiter werden dann aktiv, wenn Organisationen, beispielsweise Firmen, öffentliche Einrichtungen oder gemeinnützige Vereine, Informationen an die Öffentlichkeit geben wollen. Dies kann beispielsweise dazu dienen, die Aufmerksamkeit breiter Bevölkerungsschichten zu erreichen, Sympathie und Vertrauen zu wecken, oder die öffentliche

Meinung im Hinblick auf die eigene Sache zu beeinflussen. Im Gegensatz zur Werbung ist damit allerdings nicht Werbung zum Zweck des Absatzes bestimmter Güter gemeint, also nicht Werbung um aktuell und kurzfristig ein bestimmtes Produkt an den Mann oder die Frau zu bringen.

Da die PR-Branche sich in den vergangenen Jahren stark entwickelt hat, ist dementsprechend auch die Nachfrage nach qualifizierten Fachkräften gestiegen. Der Blick in andere Länder, wie beispielsweise in die USA, lässt erwarten, dass der Bedarf noch weiter wachsen wird. Im Verhältnis zur Nachfrage ist allerdings das Studienangebot noch relativ klein, denn die Akademisierung der PR-Branche steht noch relativ am Anfang. Allerdings beginnen Universitäten und Fachhochschulen nun, Schwerpunkte in PR/Öffentlichkeitsarbeit anzubieten. Solche Studienangebote sind vor allem im Umfeld oder in Kombination mit Journalismus oder Medien- und Kommunikationswissenschaft zu finden.

Die Voraussetzungen für die Aufnahme in solche Studiengänge sind häufig ähnlich wie bei den Journalistikstudiengängen mit einem mehrwöchigen Praktikum bereits vor dem Studienbeginn verbunden. Vielfach spielt auch die Note der Hochschulzugangsberechtigung bzw. bei Masterstudiengängen die Abschlussnote des Erststudiums eine Rolle.

Interessentinnen und Interessenten für PR-Studiengänge sollten sich ebenfalls frühzeitig genug nach den Aufnahmebedingungen und -voraussetzungen erkundigen. Häufig wird auch ein mehrwöchiges Praktikum als Zulassungsvoraussetzung gefordert. Dieses muss dann erst mal gefunden und abgeleistet werden.

Für Quereinsteiger mit Berufserfahrung in einem verwandten Bereich bietet beispielsweise die FH Gelsenkirchen die Möglichkeit zum berufsbegleitenden Weiterbildungs-Studium in 24 Monaten nach eigener Zeitplanung. Dies ist allerdings kostenintensiv. Der überwiegende Teil des Studiums wird als Selbststudium organisiert. Dadurch ist es möglich, das Master-Studium mit einer Berufstätigkeit zu verbinden.

4.4.1 Studieninhalte von PR-Studiengängen

PR-Leute müssen natürlich für die spätere Berufspraxis ausgebildet werden. In solchen Studiengängen werden – auf der Grundlage wissenschaftlicher Erkenntnisse – anwendungsbezogene Inhalte vermittelt.

Die Studierenden eignen sich im Studium grundlegende Fertigkeiten für die Tätigkeit im Bereich PR/Öffentlichkeitsarbeit an und lernen, sie unter berufstypischen Arbeitsbedingungen einzusetzen. Eine praxisorientierte Ausbildung findet durch die Arbeit in Schreibworkshops, in Rechercheseminaren sowie in Lehrredaktionen (innerhalb der Hochschule) für Printmedien, Hörfunk, TV und Online-Medien statt. Eine praxisorientierte Ausbildung bedeutet auch die Zusammenarbeit mit geeigneten Unternehmen. Die Studierenden bearbeiten dann im Kontakt und in Kooperation mit diesen Unternehmen das eine oder andere Projekt. In Praxisanteilen eines PR-Studiums werden Fallstudien bearbeitet, Praxisfälle simuliert oder tatsächliche Praxisfälle unter Anleitung und Betreuung bearbeitet.

Es wird häufig nicht nur ein Praxisanteil, sondern vielfach auch eine integrierte Praxisphase verlangt. Dies kann – je nach Studienordnung – ein ganzes Semester umfassen. Die Studierenden üben dann in einem Unternehmen berufsrelevante Tätigkeiten aus und sammeln somit praxisorientierte Berufserfahrung. Praxisphasen sind besonders wichtig. Denn die Studierenden bekommen dadurch realistische Vorstellungen von der Berufswirklichkeit sowie den Möglichkeiten, Grenzen und Problemen der angestrebten beruflichen Tätigkeit. Die Erfahrungen müssen in der Regel in Praktikumsberichten nachbereitet werden.

Praxisphasen sind aber nicht nur im Hinblick auf die beruflichen Erfahrungsmöglichkeiten für die Studierenden wichtig, sondern auch die künftigen Arbeitgeber halten Praxisphasen für besonders wichtig, wenn sie einen Lebenslauf analysieren. Denn in Praxisphasen lernen die Studierenden durch eigene Anschauung und angeleitete Mitarbeit Aufgaben und Tätigkeiten ihres künftigen Berufsfeldes kennen und bauen bereits praktische Kenntnisse und Fertigkeiten auf. In jedem Fall entwickeln Studierende in ihrer

Praxisphase realistische Vorstellungen von der Berufswirklichkeit. Dies erspart allen Beteiligten dann unnötige Enttäuschungen.

Inhaltlich sind PR-Studiengänge daran orientiert, künftige Kommunikations-Manager auf ihre Berufspraxis vorzubereiten. In den Modulen werden verschiedene Sparten der Public Relations behandelt, so z. B. Finanz-Kommunikation, Issues Management oder Public Affairs. Hinzu kommen Schlüsselqualifikationen (wie Management) und besonders in Masterstudiengängen auch eine wissenschaftliche Fundierung und Methodenkompetenz.

Eine Kombination aus Journalismus und PR, wie sie sich die potenziellen Arbeitgeber häufig wünschen, wird an den Hochschulen noch selten angeboten. Denn die Interessen und gesellschaftlichen Funktionen von PR-Leuten und Journalisten sind unterschiedlich und dies müsste sich jeweils auch in der Studienordnung auf irgendeine Weise widerspiegeln.

4.4.2 Berufsfelder für PR-Leute

Die PR-Leute von morgen müssen sich als Kommunikationsmanager verstehen. Die Anforderungen sind vielfältig. Verlangt wird vor allem die Fähigkeit, Konzeptionen für die Öffentlichkeitsarbeit zu entwickeln, diese zu präsentieren und umzusetzen. Dazu bedarf es letztendlich auch wirtschaftswissenschaftlicher Kenntnisse von Marketing, Controlling und Führung. Eine fächerübergreifende Managementkompetenz ist hier sicherlich hilfreich.

Berufliche Einsatzfelder im Bereich PR/Öffentlichkeitsarbeit sind Abteilungen für Öffentlichkeitsarbeit oder Unternehmensbereiche für Kommunikation der Investitions- und Konsumgüterindustrie sowie des Dienstleistungssektor, Öffentlicher Dienst, Verbände, Kammern, Berufsorganisationen, Vereine, Kulturelle Einrichtungen, Bildungseinrichtungen und natürlich PR-Agenturen. Es steht auch die Möglichkeit zur Selbständigkeit als PR-Berater/in offen.

Je nach inhaltlicher Spezialisierung und Kombination mit einem anderen Studienfach, insbesondere mit Journalistik, stehen auch spezielle Arbeitsfelder im Bereich Journalismus offen. Denn sowohl das Berufsbild von Journalisten als auch von PR-Fachleuten ist technischer und komplexer geworden. Sie haben immer mehr Aufgaben zu erledigen. Sie müssen recherchieren, auswählen, schreiben, redigieren und layouten. PR-Fachleute müssen außerdem noch Kampagnen konzipieren und durchführen können. All diese Tätigkeiten erfordern auch Know-how in der Steuerung von redaktionellen Einheiten, wie Kosten-, Personal- und Qualitätsmanagement sowie Redaktionsmarketing und gehören zum Berufsbild.

4.5 Medientechnik

Information ist ein bedeutsamer Wirtschaftsfaktor und Medien sind die Vermittlungssysteme für Informationen aller Art. Diese Medien basieren auf Technologien für die Produktion, Kommunikation, Aufnahme und Präsentation von Informationen.

Die Medientechnik beschäftigt sich mit diesen Technologien, die zur Erstellung, zum Austausch und zum Konsum von Informationen benötigt werden. Aufgabe der Medientechnik ist es, diese Prozesse auf der Basis verschiedener Technologien effektiv zu gestalten. Studiengänge im Bereich der Medientechnik haben das Ziel, Systemingenieure für das breite Feld der elektronischen Medien auszubilden. Vielfach liegt der Schwerpunkt in solchen Studiengängen auf dem Entwurf und der Produktion audiovisueller Medien. Neben der herkömmlichen Fernsehtechnik zählen dazu alle Medien, die akustische und optische Signale kombinieren, also insbesondere Film, Video, Multimedia und die so genannten Neuen Medien (Satelliten- und Kabelfernsehen, Bildschirmtext, Internet usw.).

Die fachlich zentralen Aspekte der Medientechnik beziehen sich auf die angewandte Informatik sowie auf die Nachrichtentechnik als klassischem Teilgebiet der Elektrotechnik. Damit ist der Studiengang einem Grenzgebiet der Informatik und der Informationstechnik zuzuordnen. Im Gegensatz zu den klassischen Ingenieuren benötigen Medieningenieure und -ingenieurinnen aber eine besonders vielseitige Orientierung, die Technik und Naturwissenschaften ebenso einschließt wie Sozialwissenschaften und gestalterische Wissensbereiche.

Medientechnik ist ein sich ständig wandelndes Arbeitsfeld, da das technische Umfeld der Medien sich seit Jahren rasant entwickelt. Die Informations- und Kommunikationstechnologien befinden sich im Umbruch. Multimedia, Internet, Mobilkommunikation oder E-Commerce stehen für den tief greifenden Wandel in der Medien-, Computer- und Telekommunikationsindustrie. Die multimediale Informationstechnologie beeinflusst Privatleben und Arbeitswelt. Vernetzte und mobile Kombination Kommunikation schaffen neue Formen des Zusammenlebens und des ortsungebundenen Arbeitens und die damit verbundenen Informationsprozesse verändern unser Leben nachhaltig. Nicht nur die Datenträger verändern sich laufend, sondern auch die Übertragungstechniken. Wir bekommen Medienangebote per Satellit, Glasfaserkabel oder terrestrisch ins Haus. Fernseher und Computer wachsen weiter zusammen und auch herkömmliche Medien und deren Herstellungstechniken, z. B. Drucktechnik, entwickeln sich weiter.

Verschiedene Technische Universitäten und Fachhochschulen bieten derzeit Studiengänge Medientechnik an. Das Spektrum reicht von Schwerpunkten in Kommunikations- und Nachrichtentechnik allgemein bis hin zu Ton-, Bild- oder Drucktechnik. Letzteres umfasst den gesamten Bereich der angewandten Kommunikationstechnik von der text- und bildverarbeitenden Druckvorbereitung (Druckvorlagen-/Druckformherstellung), Reproduktions- und Satztechnik, den Druckverfahren bis zur Weiterverarbeitung.

Teilweise wird das Studium der Medientechnik auch von Ingenieuren aufgegriffen, die sich im Medienbereich spezialisieren wollen. Ein Sonderfall ist außerdem das Angebot „Medientechnik für Berufsschullehrer“ (Technische Universität Hamburg). Die technische Ausbildung an der TUHH umfasst computergenerierte Digital- und Printmedien (Webseiten, Druckvorlagen, Animation), audio-visuelle Medien (Videos, DVDs, Videoscreens), Veranstaltungstechnik (Licht und Ton) sowie die Informations- und Kommunikationstechnik (Intranet und Internet, Datenverarbeitung). Den Absolventen werden gute Berufsaussichten prognostiziert. Allein in Hamburg arbeiten über 70 000 Beschäftigte in etwa 5500 Unternehmen bei Zeitungen und Zeitschriften, Fernsehanstalten und Verlagen, Druckereien und Dienstleistungsbetrieben aus Handel, Vertrieb, Grafik und Werbung sowie mediennahen Softwareproduzenten und -betreibern. Der Bedarf an hoch qualifizierten Nachwuchskräften ist dementsprechend groß.[5]

4.5.1 Studieninhalte der Medientechnik

Die Studienrichtung Medientechnik ist zugeschnitten auf die Anforderungen von Medienproduktionsbetrieben (Sendeanstalten, Fernseh- und Filmproduktionen, Multimediafirmen usw.). Der Technologiewandel durch die Digitalisierung verändert die Anforderungen der Medienbranche immens. Die modernen Rechner-, Netzwerk- und Speichertechnologien schaffen neue Möglichkeiten, stellen aber auch Anforderungen an Arbeitsabläufe und Bedienung der hochkomplexen bildtechnischen Systeme.

In Studiengängen der Medientechnik werden daher in der Regel die systemtechnischen und anwendungsbezogenen Aspekte der elektronischen Medien praxisnah vermittelt. Dies beinhaltet meist Audio-/Videotechnik (Fernseh-, Film-, Ton-, Multimediatechnik), Grafik/Animation, Autorensysteme, Netzwerktechnologien, Internet- und Multimediaprogrammierung. Diese und ähnliche Teilbereiche bilden den wesentlichen Grundstock eines Medientechnikers im praktischen Alltag.

Weiter stehen im Zentrum eines Studiums der Medientechnik auch die ingenieurwissenschaftlichen Grundlagen. Dazu gehören Elektrotechnik (Vorgänge in elektrischen Netzwerken), Elektronik (Aufbau, Eigenschaften und Funktion elektronischer Bauelemente), Schaltungstechnik und Elektrische Messtechnik. Dazu gehört auch die Informations- und Medientechnik (Informationskodierung, Bildaufnahmesysteme, Signalarten in der Videotechnik, Bildmischung, Kompresssionstechniken etc.) sowie Telekommunikationstechnik (Kommunikationsnetze, Protokolle und Dienste etc.).

[5] Quelle: http://www.einstieg.com/job-ormaster/news/meldung/1845/key/3d83581144/

Darüber hinaus ist das naturwissenschaftlich-technische Fundament für den späteren Medientechniker sehr wichtig und wird in den Studiengängen umfangreich vermittelt. Hier ist natürlich die Mathematik als wichtigste Grundlage zu nennen. Aber auch Theoretische und Praktische Informatik (Rechnerorganisation und Rechnerarchitekturen, Grundlagen des systematischen Programmierens, Algorithmen, Datenstrukturen und Konzepte von Programmiersprachen, Betriebssysteme, Datenbanksysteme), um hier nur ein paar Beispiele zu nennen.

Neben der technischen Orientierung sehen sich Studiengänge der Medientechnik aber auch an der Schnittstelle zur Medienkonzeption und Mediengestaltung. So wird das Studium durch angrenzende Wissensgebiete wie künstlerisches Gestalten, Medienwissenschaften (Medienwissenschaften, Handlungs- und Systemtheorien, Methoden der empirischen Medienforschung) oder Wirtschaftsfächer und Medienrecht (betriebswirtschaftliche, strategische, rechtliche und organisatorische Fragen von Medienunternehmen) abgerundet. Gestaltungsfächer sind beispielsweise Film- und Fernsehdramaturgie, Multimediadesign, Fotografische Bildgestaltung oder Werbefotografie.

Speziellere Ausrichtung der Medientechnik in einzelnen Studiengängen, z. B. auf Drucktechnik oder sogar Medientechnik in Verbindung mit Journalismus.

4.5.2 Berufsfelder für Medientechniker

Medientechnik ist ein Ingenieursstudium. Nach dem erfolgreichen Abschluss wird normalerweise der akademische Grad des Bachelors bzw. Masters of Engineering vergeben.

Da Studierende der Medientechnik als Fachleute für den professionellen Einsatz modernster Medientechnik für Medienproduktion ausgebildet werden, sind ihre Einsatzgebiete weit gestreut.

Die beruflichen Arbeitsfelder von Absolventinnen und Absolventen der Medientechnik liegen in:

- Medienproduktion (Internet, Radio/TV),
- Medientechnik/-Vertrieb,

- Rechenzentren (mit dem Schwerpunkt: Medien),
- KFZ-Industrie (Stichwort: Multimedia im Auto),
- Beratungsfirmen,
- Selbständigkeit.

Diese kleine – wenngleich sicherlich unvollständige Übersicht – zeigt, dass sich den Absolventen und Absolventinnen der Medientechnik vielfältige und zukunftsweisende Tätigkeiten bieten. Das Berufsfeld ist noch keinesfalls klar und vollständig umrissen. So werden nicht nur Fachleute in Medienproduktionsfirmen gesucht, sondern auch in Unternehmen anderer Branchen, in denen die Einsatzgebiete fachübergreifende Qualifikation erfordern.

Medientechniker werden häufig u. a. bei den folgenden Arbeitgebern tätig:

- in Zuliefer- und anderen Industrien (Fachberatung in der Entwicklung und Produktion, Verkauf mit Beratung der Druck- und Medienindustrie, Drucksachenplanung und -einkauf, Werbeassistenz, Werbeleitung),
- in Verlagen (Herstellungsleitung von Büchern und Periodika),
- bei Herstellern von Musik- und Videoprodukten,
- bei öffentlich-rechtlichen und privaten Rundfunkanstalten,
- in Werbeagenturen (Produktionsplanung und -überwachung von Werbeschriften und anderen Werbemitteln),
- in Softwarehäusern, bei Internetdienstleistern, bei Netzprovidern und Telekommunikationsunternehmen,
- in Forschungs- und Beratungsinstitutionen.

Die Medienbranche bietet der Medientechnikerin und dem Medientechniker eine Fülle von möglichen Berufsfeldern und Berufen. Eine Auswahl konkreter Berufe, die mit dem Studium der Medientechnik in der Regel ergriffen werden können:

- Produktionsingenieur/in (Fernsehen, Film, Multimedia, Druckvorstufe),
- Vertriebsingenieur/in für medientechnische Geräte (Kameras usw.),
- Planungsingenieur/in für Fernsehstudios, Kinos usw.,
- Bildingenieur/in bei Sendeanstalten,

- Selbständigkeit (z. B. im Bereich Internet/Multimediaproduktion).

Weitere Einsatzfelder: Kameraoperating, Cutter/in, Bildmischer/in, Aufnahmeleitung, Multimediakonzeption, Filmkopierwerk, Tonstudio, Veranstaltungstechnik, Forschungsinstitute, usw.

4.5.3 Eignungsanforderungen

Entsprechend den Studienanforderungen und beruflichen Tätigkeiten stehen bei Medieningenieuren sicherlich die folgenden Eignungsmerkmale im Vordergrund:

- Neigung und Begabung, mathematische und naturwissenschaftliche Zusammenhänge zu verstehen und in die Praxis umzusetzen,
- Interesse für technische Abläufe,
- Fähigkeit, im Rahmen des gegebenen Aufgabengebietes selbständig zu arbeiten,
- Bereitschaft, Verantwortung für eigene Arbeitsergebnisse und die der unterstellten Mitarbeiter zu übernehmen und die Mitarbeiter zu führen und zu motivieren,
- Fähigkeit zur Organisation und Koordination von Unternehmensbereichen und Arbeitsabläufen,
- Fähigkeit, jederzeit Wirtschaftlichkeitsüberlegungen in das eigene Handeln einzubeziehen (Kostendenken).

Manche Fachhochschulen erlassen Bewerbern bzw. Quereinsteigern mit einer abgeschlossenen Berufsausbildung in druck- oder medienbezogenen Berufen das Vorpraktikum. Als geeignete Berufe werden häufig angesehen: Schriftsetzer/in (Typograf/in), Mediengestalter/in , Reprohersteller/in auch: Druckvorlagenhersteller/in, sowie Positivretuscheur/in , Schriftlithograf/in , Reprofotograf/in, Farbenlithograf/in , Tiefdruckretuscheur/in, Druckformhersteller/in, sowie Klischeeätzer/in, Tiefdruckätzer/in, Stereotypeur/in, Galvanoplastiker/in, Chemigraf/in , Nachschneider/in, Werbevorlagenhersteller/in, Reprograf/in, Flexograf/in, Stempelmacher/in, Drucker/in, Siebdrucker/in,. Buchbinder/in, Verpackungsmittelmechaniker/in.

4.6 Multimedia/Medieninformatik

Digitale Medien haben unsere Lebenswelt verändert. Sie unterliegen einem stetigen Wandel und mit ihnen auch die Medienproduktion, die in den letzten Jahren bis zu den Vertriebskanälen und Endgeräten durchgehend digitalisiert wurde. Eine klare Trennung der Medien (Audio, Video, Film, Fernsehen, Internet) wird immer schwieriger werden. Endgeräte verlieren zunehmend ihren originären Charakter. Ein Mobiltelefon wird längst nicht mehr nur zum Telefonieren verwendet. Computer haben auch Aufgaben der klassischen Unterhaltungselektronik übernommen.

Die wenigen Beispiele zeigen bereits, dass mittlerweile Medien ohne den Einsatz von IT undenkbar geworden sind. Eine Absolventin oder ein Absolvent der Medieninformatik wird in der Lage sein, vielfältige Werkzeuge zur Erstellung, Bearbeitung und Verteilung von Medien zu nutzen und weiterzuentwickeln. Neben dem Problem Medien zu gestalten und aufzubereiten erfordert dies Wissen und Fähigkeiten im interdisziplinären Bereich von Informatik, aber auch Informationstechnik und Wirtschaft. Damit sind die Anforderungen an Medieninformatiker nicht erschöpft. Da das Arbeitsfeld heute durch Teamarbeit in internationalen Gruppen geprägt wird, erfordert dies soziale Kompetenz und Erfahrungen mit anderen Kulturen.

Die Aufgabe von Informatikerinnen und Informatikern ist die Analyse, Konzipierung, Konfiguration sowie Anpassung von Hard- und Softwaresystemen und deren Einbettung in eine bestehende Umgebung. Das besondere an der Medieninformatik ist, dass speziell die IT-Gesichtspunkte für die Erstellung, Bearbeitung und Verbreitung von Medien sowie der Weiterentwicklung von Werkzeugen hierfür behandelt werden.

Wer Medieninformatik studieren will, muss mit einem Numerus Clausus rechnen. Manchmal müssen die Bewerberinnen und Bewerber zusätzlich auch ein Auswahlverfahren durchlaufen. Dies kann auch mit einem Motivationsschreiben und Empfehlungsschreiben (Letters of Recommendation) – insbesondere für einen Masterstudiengang – verbunden sein. Ein Praktikum vor Studienbeginn ist weniger üblich. An Fachhochschulen ist aber eine Praxisphase (als Praxissemester oder ein Praktikum in der vorlesungsfreien Zeit) durchaus üblich. Besondere Bedeutung kommt im Studienverlauf oft dem Praxisbezug zu; dies kann auch in einem Labor-Praktikum verwirklicht werden, in dessen Verlauf das zuvor Gelernte praktisch angewendet werden kann.

Medieninformatik-Studiengänge werden meist mit Bachelor bzw. Master of Science abgeschlossen.

4.6.1 Studieninhalte der Medieninformatik

Das Studium ist ein technisches Studium, wenngleich mit viel Anwendungsbezug. Das Handwerk der Informatik ist das Programmieren. Dazu sollten Sie in jedem Falle Lust haben, wenn Sie sich für ein Studium der Medieninformatik entscheiden. Außerdem geht es um die Anwendung von formalen Methoden und um Abstraktionen. Dafür braucht die Informatik vor allem die Mathematik. Mathematik braucht man aber beispielsweise auch für Computergrafik oder Netzwerktechnik und für vieles mehr. Wer also eine Abneigung gegen Mathematik verspürt, ist hier völlig fehl am Platz.

Die Absolventinnen und Absolventen eines Studiengangs Medieninformatik bekommen das geeignete Rüstzeug, um dieser dynamischen Entwicklung und dem raschen Wandel im Bereich der digitalen Medien erfolgreich zu begegnen. Medieninformatikerinnen und Medieninformatiker beschäftigen sich mit der Planung, Konzeption, Gestaltung, technischen Realisierung und Evaluation von interaktiven und multimedialen Anwendungssystemen. D. h. es sind sowohl mediengestalterische als auch medientheoretische und medientechnische Kenntnisse Teil der Ausbildung. Der Schwerpunkt liegt natürlich auf den technischen Grundlagen der unterschiedlichen Komponenten von Multimedia.

Mathematische und naturwissenschaftliche Kenntnisse bilden ein unverzichtbares und übergreifendes Grundlagenwissen auch für Medieninformatiker. So lernen die Studierenden, mathematische Grundstrukturen zu verstehen und werden befähigt, die mathematischen Konzepte auf Fragestellungen der Informatik anzuwenden.

Weiter hat das Medieninformatikstudium auch Anteile aus der theoretischen, praktischen und technischen Informatik. Die Studierenden beherrschen das Arbeitsgebiet der Informatik. Sie kennen die grundlegenden Begriffe, Formate, Modelle und Arbeitsweisen. Dazu gehören Algorithmen, Zahlensysteme und Zahlenformate, Informationstheorie, Rechnersysteme, Programmstrukturen, Datenstrukturen, Programmiersprachen und weitere Grundlagen der Software-Erstellung.

So müssen sich Medieninformatiker – genauso wie andere Informatiker auch – mit den Grundlagen von Automaten und formalen Sprachen als Werkzeug zur Modellierung und Transformation von Systemen und Prozessen beschäftigen. Diese Grundlagen ermöglichen beispielsweise den Aufbau von Programmiersprachen besser zu verstehen oder auch die Grenzen von Programmen bzw. Algorithmen beurteilen zu können.

Zum Kern der Informatik gehört auch, dass die Studierenden lernen, Software-Anwendungen eigenständig zu konzipieren und dass sie die Modellierungssprachen (z. B. UML) dafür beherrschen. Beispielsweise gibt ein Fach wie Softwaretechnik eine Einführung in Methoden und Werkzeuge der Software-Entwicklung des Software-Managements und der Software-Qualitätssicherung.

Die Studierenden lernen den Aufbau und die Wirkungsweise von Betriebssystemen kennen. Sie sind in der Lage, ein Betriebssystem zu installieren und einfache Konfigurationen durchzuführen. Sie beschäftigen sich mit Aufbau und Wirkungsweise von Datenbanksystemen. Sie sind in der Lage, einen kompletten Datenbankentwurf durchzuführen, Datenbanken zu implementieren, Datenbanken interaktiv und aus Anwendungsprogrammen abzufragen und zu manipulieren. Darüber hinaus gehören zur informatischen Grundausbildung auch Grundkenntnisse über nachrichtentechnische Begriffe sowie über Telekommunikationsnetze und -dienste. Es gibt aber auch Studiengänge, die vorwiegend auf Internettechnik ausgerichtet sind.

Je nach Studienangebot und Schwerpunktsetzung werden sich Medieninformatiker mit den Grundlagen der Signalverarbeitung beschäftigen. Sie lernen dann Sprachsignale zu analysieren und so zu verändern, dass sie neue gewünschte Eigenschaften annehmen. Die Studierenden lernen die Eigenschaften von Audio- und Videosignalen und deren Aufnahme und Verarbeitung kennen und können dies für die Aufbereitung und Anwendung innerhalb von interaktiven Medien einsetzen, z. B. Fouriertransformation, Modulationsverfahren, Schallwandler, Bildkodierung und -kompression, usw. Die Studierenden erhalten auch eine Einführung in die Medientechnik (beispielsweise digitale Audio- und Videotechnik). Sie erhalten einen Einblick in die Digitalisierung, Kompressionstechniken und Übertragung audio-visueller Daten.

In diesem Zusammenhang lernen die Studierenden auch meist die naturwissenschaftlichen Grundlagen des Hörens und Sehens. Sie verstehen die Messung der relevanten Größen aus der Akustik und der Optik. Sie wissen, wie die Ausbreitung von Schall und Licht geschieht und wie die elektrische Übertragung von Messgrößen erfolgt. Sie kennen sowohl die Grundlagen von Stromkreisen als auch der Ausbreitung von Wellen.

Möglichkeiten bieten sich meist auch zum Einarbeiten in die digitale Bildverarbeitung und Mustererkennung. Die Studierenden lernen dann, mit verschiedenen Algorithmen und Verfahren zur Lösung der Probleme der digitalen Bildverarbeitung umzugehen. Je nach Studienangebot lernen die Studierenden auch interaktive Fernstehtechnologie kennen oder beschäftigen sich mit den spezifischen Bedingungen und aktuellen Entwicklungen für den elektronischen Handel (E-Commerce). Vielfach bestehen in den Studiengängen auch Angebote, die grundlegenden Algorithmen und Methoden der Grafischen Datenverarbeitung zu erlernen und ihre theoretischen Kenntnisse unter Einsatz der entsprechenden Anwendungssoftware und Produktionswerkzeuge (z. B. Maya oder Softimage) praktisch umzusetzen.

In einigen Medieninformatikstudiengängen lernen die Studierenden auch die Grundlagen der visuellen Kommunikation und Gestaltung kennen.

Die Studierenden erwerben Wissen über die Grundlagen, Richtlinien, Normen und Werkzeuge zur Entwicklung benutzerfreundlicher grafischer Oberflächen und Websites. Hierzu gehört auch über die Bedeutung und Anforderungen der Software-Ergonomie Bescheid zu wissen.

In einigen Medieninformatikstudiengängen lernen die Studierenden auch die Grundlagen der visuellen Kommunikation und Gestaltung kennen. Dies bezieht sich beispielsweise auf den Einsatz von Anmutungsaspekten - speziell auch für die Gestaltung von Internetanwendungen. Aber es bezieht sich auch auf den Rezeptionsaspekt von Information, wie Farbpsychologie, Typografie, Bildwahrnehmung, Text-Bild-Beziehung, Entwurfstechniken, Dramaturgie, Drehbuch, HTML-Grundlagen, Editoren usw. Gelegentlich bietet sich den Studierenden auch die Möglichkeit, den bewussten, kreativen Umgang mit bildgestalterischen Mitteln und Werkzeugen zu lernen. Es werden beispielsweise Fächer wie Mediendesign angeboten, die einen Überblick über die Grundlagen der Gestaltung geben. Dazu gehört teilweise auch Medienpsychologie, die ein Grundwissen über die menschliche Informationsaufnahme und -verarbeitung gibt. Dieses Basiswissen ist normalerweise erforderlich, um Gestaltung zu verstehen.

Bevor man an einer Hochschule ein Studium der Medieninformatik beginnt, empfiehlt es sich in jedem Falle, die angebotenen Lehrveranstaltungen zu sondieren. Die Angebote sind von Studiengang zu Studiengang durchaus unterschiedlich. Dies betrifft vor allem die Möglichkeiten zur Schwerpunktsetzung. Man sollte also prüfen, ob der gewünschte Schwerpunkt an der Hochschule der Wahl tatsächlich angeboten wird. Dasselbe gilt für das Angebot an gestalterischen oder medientheoretischen Kursen, wenn daran ein spezielles Interesse bestehen sollte. Nicht jeder Medieninformatikstudiengang legt darauf einen gleich großen Wert.

4.6.2 Berufsfelder für Medieninformatiker

Das Berufsfeld des Informatikers und Softwareentwicklers ist charakterisiert durch die rasche Innovation von Techniken und Methoden. Da auch die Medien mittlerweile weitgehend digitalisiert sind, unterliegen auch sie diesem stetigen Technologiewandel.

Der rasche Technologiewandel bringt eine hohe Komplexität für das Aufgabenfeld des Informatikers und natürlich auch des Medieninformatikers mit sich. Hinzu kommen hohe Qualitätsanforderungen an softwarebasierte Systeme. Softwareprojekte erfordern viele Fachkompetenzen und damit insbesondere auch die Fähigkeit des Einzelnen zur Teamarbeit. D.h. Medieninformatikerinnen und Medieninformatiker müssen also in der Lage sein, komplexe Zusammenhänge im Bereich der digitalen Medien zu erfassen und innerhalb von Projektteams entsprechende Lösungen zu finden und umzusetzen.

In diesem Kontext steht die Tätigkeit des Medieninformatikers. Er soll als praxisorientierter Spezialist integrative Projekte im Bereich digitaler Medien realisieren und leiten können, z. B. als Systemanalytiker, Softwareentwickler, Systemoperator oder Projektleiter.

Anwendungsbereiche für die Arbeit von Medieninformatikern sind beispielsweise

- Multimediale Techniken und Produktionen,
- Electronic Publishing,
- Electronic Libraries,
- Hypermedia und World Wide Web Services und Anwendungen,
- Rechner- und Telekommunikationsnetze,
- Datensicherheit,
- Datenvisualisierung und Virtual Reality,
- Digitale Filmbearbeitung, Compositing,
- Bild-, Video-, Multimedia-Datenbanken.

Dabei arbeitet die Medieninformatikerin bzw. der Medieninformatiker an der Schnittstelle zwischen Datenverarbeitung und Bedienoberfläche, wo es sowohl um die nutzergerechte Aufbereitung und Darstellung von Daten geht als auch um deren Verteilung über Kommunikationsnetze.

Beispiele und Themengebiete für Berufsaufgaben von Medieninformatikerinnen und Medieninformatiker sind:

- Entwicklung von Werkzeugen für die Informationsverwaltung (elektronische Bücher und Dokumente, Content-Management-Systeme etc.): Ein möglicher Arbeitsplatz wäre beispielsweise eine Internetagentur, bei der ein Medieninformatiker für die Implementierung von Anwendungen im Internet zuständig ist.

Eventuell gehört zu dem Aufgabenfeld auch die Kundenberatung und die Entwicklung und Umsetzung von Konzepten für die Internetpräsenz des Kunden.

- Konzeption und Entwicklung von E-Learning-Systemen in einem zukunftsorientierten Unternehmen.
- Usability-Untersuchungen und Optimierung von Bedienoberflächen.
- Entwicklung und Betreuung interaktiver Sendeformate.
- Entwicklung von Tools zur Bearbeitung und Verwaltung von Audio- und Videodateien: Medieninformatiker sind beispielsweise in einem Audio- und Videostudio beschäftigt und betreuen dort die digitale Filmproduktion. Dazu müssen sie Hochleistungs-Rechnersysteme einrichten, betreiben und verwalten. Eine andere Möglichkeit in diesem Betätigungsumfeld wäre, dass ein Medieninformatiker bestimmte visuelle Effekte für virtuelle Filmszenen programmiert.
- Kundenberatung und Vertrieb im Hinblick auf Audiotechnik, Videotechnik und Multimedia. Zu den Aufgaben in diesem Betätigungsfeld könnte das Konzipieren von Studioeinrichtungen im Hinblick auf kundenspezifische Lösungen gehören.
- Entwicklung von Tools für 2D- und 3D-Animationen und deren Anwendung.

4.7 Mediendesign

Mediendesigner sind sozusagen die Architekten der medialen Kommunikation. Um diese Aufgabe bewältigen zu können, benötigen sie sowohl eine kreative gestalterische Seite als auch eine solide wissenschaftliche, technische und auch konzeptionelle Grundlage.

Die Medienangebote wachsen und ihre Gestaltung wird immer wichtiger. Firmen und Organisationen müssen sich von anderen Angeboten abheben und mit einem einheitlichen äußeren Erscheinungsbild, Corporate Design, Wiedererkennungswert schaffen.

Auch die neuen Medien bieten ständig neuen Spielraum für grafische Möglichkeiten. An einem professionellen Internet-Angebot arbeiten in der Praxis Grafiker und Programmierer häufig eng zusammen. Aber auch Printmedien werden mit Desktop-Publishing-Systemen an Rechnern für den Druck vorbereitet. So ist es kaum verwunderlich, dass Computerkenntnisse, vor allem die Anwendung verschiedener Software, ein wesentlicher Bestandteil dieser Ausbildung sind.

Gestalterische Studiengänge, zu denen Mediendesign gehört, wurden lange Zeit überwiegend von Fachhochschulen angeboten. Einige Universitäten und private Institutionen sind inzwischen nachgezogen. Der Studienabschluss ist in der Regel ein Bachelor of Arts bzw. ein Master of Arts.

4.7.1 Inhalte der Studienrichtung Mediendesign

Da mediale Kommunikation heutzutage über verschiedene Medien möglich ist, umfasst ein Mediendesignstudium meist die verschiedensten audiovisuellen und elektronischen Medien und Gestaltungstechnologien. Hier vermittelt der Studiengang fundierte Kenntnisse in der Gestaltung, anwendbar auf zweckgerichtete Anwendungen bis hin zum künstlerischen Experiment, d. h. der Studiengang vermittelt gestalterische Fähigkeiten. Da Medien aber nicht nur gestalterische, sondern meist auch technologische Grundlagen haben, werden auch diese im Studium soweit wie möglich behandelt. Da alle Medien in Wechselwirkung zueinander stehen und Teil der gesellschaftlichen Kultur sind, bilden die Auseinandersetzung mit der Medien- und Kommunikationsgeschichte sowie mediensoziologische und kommunikationswissenschaftliche Grundlagen weitere wichtige Bereiche.

Im Mittelpunkt der Studiengänge steht die Vermittlung von Kenntnissen für die geistige und materielle Bewältigung von Problemstellungen im Bereich der Kommunikation. Dazu sind Kenntnisse und Fertigkeiten technischer und manueller Art ebenso notwendig wie kreative gestalterische Fähigkeiten und Kenntnisse der Kunst- und Kulturgeschichte, Psychologie und anderer Wissensgebiete.

In Mediendesignstudiengängen gibt es deshalb ein breites Spektrum möglicher Studieninhalte. Dazu gehören Grundzüge des klassischen Designs und der künstlerischen Gestaltung, die in Fächern wie Visuelle Kommunikation und Grafische Gestaltungsgrundlagen angeboten werden. Hier geht es um die kreative Umsetzung von theoretischen grafischen Grundlagen, um den sicheren Umgang mit Farbe und Form wie auch um den sicheren Umgang mit Grundlagen und Instrumenten der Typografie usw. Vielfach werden die erlernten Gestaltungsgrundlagen auch auf die Anforderungen bei Internetanwendungen und dreidimensionalen Computergrafiken übertragen. Je nach Schwerpunktsetzung können auch relevante Designansätze in Film, TV und Sounddesign (Tongestaltung) oder Screen Design für multimediale Gestaltung von interaktiven Medien dazu zählen.

Grundlagen für die künstlerisch-gestalterische Tätigkeit ist eine analytisch-kritische Ausbildung in verschiedenen Fachgebieten, wie beispielsweise Wahrnehmungslehre, Kunst- und Mediengeschichte, Medienphilosophie, Mediensoziologie oder Kommunikationstheorie.

Weiter schließt das Spektrum möglicher Studieninhalte auch eine technische Ausbildung ein, um die gestalterischen Vorgaben in die Praxis umsetzen zu können. Dies bezieht beispielsweise die Grundlagen der digitalen Bildbearbeitung (Satztechnik und Printmedienproduktion), die Grundlagen für Audio und Video (Umgang mit Aufnahme- und Nachbearbeitungsmethoden, Licht-, Bild- und Tongestaltung, Nachbearbeitungsmethoden), den Umgang mit zeitbasierten Medien und Multimediatechniken (Umgang mit Autorenwerkzeugen, Interfacegestaltung etc.) ein. Unter Umständen kann auch objektorientierte Programmierung zu den Studieninhalten auf diesem Gebiet gehören.

Konkrete Studieninhalte sind typischer Weise: Typografie und Layout, Präsentationsgrafik, Multimediaentwicklung und -gestaltung, Webdesign und Internet, Computergrafik, 3D-Animiation, Videoproduktion, Medienkunst und vieles mehr.

Mediendesigner haben im Verlaufe des Studiums meist auch die Möglichkeit zur Schwerpunktsetzung. Mögliche Schwerpunkte sind beispielsweise „Visuelle Medien"/„Visuelle Kommunikation", (klassisches Grafikdesign) Interaktive Medien (Gestaltung von Multimediaprodukten, Interface-Design für Internet-Präsentationen und Software) oder zeitbasierte Medien (Film, Animation, Audio).

4.7.2 Zulassungsvoraussetzungen

Das Studium der Mediengestaltung setzt neben den üblichen Qualifikationen (z. B. allgemeine oder fachgebundene Hochschulreife) eine künstlerische Eignung voraus. Weil es vorwiegend auf die künstlerische Neigung ankommt, werden Kriterien wie NC kaum angewendet. Gerne wird auch ein mehrwöchiges Praktikum vor Studienbeginn gefordert. Geeignet sind insbesondere Praktikumsstellen in Werbeateliers, Werbeabteilungen, Agenturen, Verlagen, in Kunst- und Reproduktionsanstalten, in Setzereien und in Druckereien jeder Art, in Foto- und Videostudios, in der Dekoration, in Architektur- und technischen Büros, bei selbständigen Grafik-Designern und Malern.

Zur Feststellung der künstlerischen Eignung der Bewerberin oder des Bewerbers muss in der Regel eine eigene Mappe präsentiert werden. Typischerweise wird eine Mappe mit gestalterischen Arbeitsproben aus studienrelevanten Bereichen, wie Textilgestaltung, Mediengestaltung, Screengestaltung etc., gefordert. Normalerweise wird vorgegeben, welche Medien (z. B. Fotografien, Film- und Videoaufnahmen, Animationen, Computergrafik und Zeichnungen (Storyboard)) zugelassen bzw. erwünscht sind. Für digitale Daten können zusätzliche Forderungen (z. B. Dateiformate, als Ausdruck und auf Datenträgern) vorliegen.

Für die geforderte Mappe werden vom betreffenden Studiengang normalerweise auch Vorgaben hinsichtlich des Umfangs (z. B. „soll mindestens 15 und höchstens 20 künstlerisch-gestalterische Arbeitsproben enthalten") und des Formats (z. B. „im Format von maximal 70 × 100 cm (Außenmaß)") gemacht. Die Arbeiten sollen Erfahrungen der Bewerberin oder des Bewerbers mit verschiedenen Medien und Techniken wie Zeichnung, Montage, Fotografie, Video etc. zeigen.

Zusätzlich zu der Mappe wird meist auch noch als Hausaufgabe ein Thema gestellt, das ebenfalls bis zum Abgabetermin zu bearbeiten ist (siehe auch Abschn. 2.1). Die Aufgabenstellung muss meist direkt per E-Mail erfragt werden und wird dann dem einzelnen Teilnehmer mitgeteilt.

Das weitere Vorgehen ist dann wie im Abschn. 2.1 beschrieben. Die Mappe steht im Zusammenhang mit einer gesonderten, zweistufigen Eignungsprüfung, die aus einer Vorauswahl, einer praktischen Prüfung und einem Kolloquium besteht. Die Vorauswahl kann auf der Basis der Mappenprüfung oder nur anhand der sonstigen Bewerbungsunterlagen (wie Motivationsschreiben, Lebenslauf, Zeugnisse etc.) geschehen und über die Zulassung zur zweiten Auswahlstufe entscheiden.

Zur Durchführung des Eignungsfeststellungsverfahrens wird im Fachbereich für den betreffenden Studiengang eine Kommission gebildet. Der Kommission gehören in der Regel drei bis fünf hauptamtliche Lehrende als Vertreter an, die normalerweise vom Fachbereichsrat gewählt bzw. bestätigt werden. Den Vorsitz führt ein vom Fachbereich gewähltes Mitglied der Kommission. Die Kommission berät und beschließt in nichtöffentlicher Sitzung.

Das Feststellungsverfahren gliedert sich in

- eine bearbeitete Hausaufgabe zur Vorlage,
- die Vorlage einer bestimmten Anzahl von Arbeitsproben (entweder eigener Wahl oder zu einem bestimmten Thema). Ziel: mit den Arbeitsproben sollen das gestalterische Interesse bzw. die gestalterischen Fähigkeiten nachgewiesen werden.
- Prüfungsgespräch (manchmal nur zur Klärung von Zweifelsfällen).

Kriterien der künstlerischen Eignung oder künstlerischen Begabung, nach denen die Arbeitsproben beurteilt werden:

- Wahrnehmungsfähigkeit,
- Vorstellungsfähigkeit,
- Darstellungsfähigkeit.

Jedes der Kriterien wird normalerweise von den Mitgliedern der Kommission getrennt für die Hausaufgabe und die weiteren Arbeitsproben angewendet. D. h. die Arbeiten werden jeweils mit einer Note versehen.

4.7.3 Berufsfelder für Mediendesigner

Die zunehmende Bedeutung von Kommunikations- und Informationsmedien für alle gesellschaftlichen Bereiche resultiert u. a. in einem expansiven Arbeitsmarkt. Die vielfältigen Gestaltungsaufgaben der heutigen medialen Kommunikation bilden das Spektrum im Berufsfeld Mediendesign.

Neben der Entwicklung der eigenen gestalterischen Kompetenz ist das Studienziel auch die Kompetenz zur Leitung des Gestaltens in der Medienproduktion. Dazu gehört es, bestimmte Aussagen auf Zielgruppen orientiert in medienspezifischer Weise gestalterisch umzusetzen. Es sollen vorrangig unabhängige, kreative und kritische Konzept- und Ideenbildner ausgebildet werden.

Mediengestalter gibt es zwar auch als Ausbildungsberuf. Allerdings haben Sie als Mediendesigner mit Hochschulabschluss einen ausgezeichneten Einstieg in die Medienbranche. Mögliche Arbeitgeber sind:

- Werbeagenturen,
- Designbüros,
- Werbeabteilungen von Industrie-, Handels- und Dienstleistungsunternehmen,
- Messe- und Ausstellungsgestaltung,
- Kulturelle Einrichtungen wie Museen und Theater,
- Buch- und Verlagswesen,
- Unterhaltungsindustrie.

Mediengestalter arbeiten fest angestellt oder immer häufiger auch als freie Mitarbeiter im eigenen oder gemeinsamen Studio. Sie übernehmen künstlerisch-gestalterische, pädagogische oder auch beratende Aufgaben.

4.8 Medienpädagogik

Medien finden in allen Bildungskontexten zunehmend Verwendung. So gewinnt das Thema Medien auch in der Erziehungswissenschaft zunehmend an Bedeutung. Heute sind Erziehungswissenschaftler an vielen Medienprojekten beteiligt, wenn es um die didaktische Konzeption und die Evaluation solcher Projekte geht.

Die Medienpädagogik hat sich mittlerweile als eigenständige Disziplin (Fachrichtung) innerhalb der Pädagogik etabliert, die sich praktisch und theoretisch mit den Medien beschäftigt.

4.8.1 Inhalte der Studienrichtung Medienpädagogik

Die Medienpädagogik gliedert sich in verschiedene Teildisziplinen:

a) Mediendidaktik: Sie beschäftigt sich mit der Funktion und Bedeutung von Medien in Lehr- und Lernprozessen. Dabei bezieht sich die Mediendidaktik vor allem auf psychologische Erkenntnisse der Lehr- und Lernforschung und auf allgemeine Didaktik, um Medien lernförderlich zu gestalten.
   D. h. der Mediendidaktik geht es um die Nutzung von Medien in Lehr- und Lernprozessen, mit dem Ziel neue Qualitäten, mehr Effektivität und Effizienz des Lernens und Lehrens durch den Einsatz von Technik zu erreichen. Vielfach sind mit dem Einsatz von neuer Technik in Lehr- und Lernprozessen neben einer Effizienzsteigerung auch eine Optimierung der Lernprozesse und v. a. auch eine Kostensenkung verbunden.
b) Medienerziehung: Sie zielt auf den reflektierten Medienkonsum und den kritischen Umgang mit Medienangeboten ab. Der Medienerziehung geht es um die sinnvolle Mediennutzung, die insbesondere durch die Anleitung zur kritischen Reflexion der Arbeit an und mit Medien erreicht werden kann. Primär interessant ist daher auch der Umgang mit Medien bei Kindern und Jugendlichen, für die sie medienerzieherische Ansätze entwickelt und dafür Ergebnisse aus der Medienwirkungsforschung und Mediensozialisation einbezieht.
c) Informationstechnische Bildung: Sie unterstützt den Aufbau von Medienkompetenz und Medienbildung, um die aktive Teilnahme von Menschen in der Medien- und Wissensgesellschaft zu ermöglichen und als Basisqualifikation für mediendidaktische und erzieherische Bemühungen.

Diese Teildisziplinen befruchten einander und sie konvergieren zunehmend, um das komplexe Thema Medien in Bildungsprozessen angemessen behandeln zu können.

Dabei geht es in der Medienpädagogik allerdings nur teilweise um Lehr- und Lernarrangements unter traditionellen institutionellen Bedingungen (wie Schulen), und vor allem auch um außerschulische Kontexte und damit um die allgemeinere Frage, wie Bildung organisiert werden kann (z. B. als Bildungsmanagement im Zusammenhang von lebenslangem Lernen).

4.8.2 Berufsfelder für Medienpädagogen

Das vertiefte und spezialisierte Masterstudium soll neben der weiterführenden akademischen Ausbildung auch die Übernahme hoch qualifizierter Aufgaben (vor allem Management- und Führungsaufgaben) z. B. in Medienunternehmen, in Bildungsinstitutionen und in öffentlichen und privaten Institutionen verschiedener Sektoren in folgenden Berufsfeldern ermöglichen:

- Arbeitsbereiche, in denen Kompetenzen auf dem Gebiet der Planung, der Produktion, des Einsatzes und der Nutzung von alten und neuen Medien erforderlich sind;
- Arbeitsbereiche mit Medienorientierung, die vor allem pädagogische und kommunikative Kompetenzen erfordern.

5 Berufseinstieg – aber wie?

Wer sein Studium beendet hat oder kurz davor steht, fragt sich „Berufseinstieg – aber wie?" Diese Frage ist berechtigt und man sollte sie sich nicht erst am Ende des Studiums stellen. Denn auch ein guter Einstieg braucht eine Vorbereitungszeit.

Die Umbrüche, die derzeit im Kommunikationsbereich stattfinden, schaffen viele neue Berufsfelder und damit auch Einstiegsmöglichkeiten in die Medienbranche. Die Digitalisierung zerstört alte Geschäftsmodelle, die Werbeeinnahmen verlagern sich. Auch die Produktionsabläufe für die Erstellung von Inhalten – gleich ob Text oder bewegte Bilder – werden immer stärker von Computern und IT-Systemen dominiert. Es ist nicht einfach, mit einem solchen Wandel umzugehen. Andererseits aber ergeben sich aus Veränderungen auch neue Chancen. Die konkrete Frage aus der Sicht von Berufseinsteigern lautet: In welchen Bereichen? Mit welchen Qualifizierungsanforderungen?

Sie erfahren in diesem Kapitel, worauf Sie bei Ihrer Bewerbung achten sollten und wie Personalverantwortliche aus der Medienbranche den Einstieg von Absolventen sehen, wie sie mit Bewerbungen umgehen und worauf sie achten. Dieses Kapitel liefert dazu nur eine Übersicht bzw. Zusammenfassung einiger wichtiger Aspekte. Die ausführlichen Interviews dazu finden Sie im folgenden Kap. 6.

5.1 Wie sieht die Medienbranche Ihre Qualifikation?

Im vorausgehenden Kapitel haben Sie einiges über die Inhalte, Voraussetzungen und Berufsfelder einer Reihe von Studienrichtungen und Studiengängen erfahren. Dies war sozusagen die Hochschulsicht auf Ihre Qualifikation. Sie kann dem einen oder anderen vielleicht auch als Entscheidungshilfe für die Studienplatzwahl dienen. In diesem Abschnitt geht es um die Sicht der Medienunternehmen auf Ihre Qualifikation.

Nun würde es sicherlich im Rahmen dieses Buches zu weit führen, für alle möglichen Studienrichtungen eine Bewertung durch Medienunternehmen vornehmen zu lassen. Die inhaltliche Abstimmung setzen wir voraus und vertrauen darauf, dass diese Abstimmung zwischen den Hochschulen und den relevanten Bereichen der Medienunternehmen stattgefunden hat und fortlaufend auch stattfindet, um die Studieninhalte laufend zu aktualisieren und nicht am Bedarf vorbei auszubilden.

Vielmehr soll es bei der Beleuchtung der Perspektive von Medienunternehmen darum gehen, welche sonstigen Eigenschaften, Kenntnisse und Fertigkeiten gewollt sind und gebraucht werden. Gefragt ist nach solchen Fähigkeiten, die sich nicht unbedingt auf die Studieninhalte beziehen. Gefragt ist auch danach, welche Randbedingungen oder Zusatzqualifikationen der Bewerberin oder dem Bewerber vielleicht einen Pluspunkt einbringen oder sogar unabdingbares Auswahlkriterium für eine Bewerbung sind.

Bachelor- oder Masterabschluss

Eine Karriere ohne Studium ist in Medienunternehmen heute kaum noch möglich, weil die Konkurrenz an gut ausgebildeten Fachkräften groß ist. Allerdings gibt es nicht nur bei Studierenden, sondern auch bei Unternehmen noch Klärungsbedarf zum Thema Bachelor und Master. Aber es wird viel Aufklärungsarbeit betrieben und wenn die neuen Abschlüsse erst flächendeckend eingeführt sind, dann werden sie sicherlich auch einen höheren Bekanntheitsgrad haben.

Aber nicht der Abschluss allein, sondern der Einsatz und die Persönlichkeit bestimmen den Einstieg und dann den späteren Karriereverlauf. Zwar kann ein guter Abschluss ein Pluspunkt für den Einstieg in den Wunschberuf sein, aber wie der Bewerber dann die Stelle ausfüllt, ist sicherlich nicht mehr vom Abschluss abhängig, sondern von seinem Können und von seiner Persönlichkeit. Deshalb scheinen die Befürchtungen, dass es wenige Aufstiegschancen für Bachelorabsolventen gibt, auch unbegründet zu sein.

Generell äußern sich Vertreter aus Personalbüros in der Medienbranche, dass sie keine Unterschiede zwischen Fachhochschule (FH), Universität (Uni) oder privater Hochschule machen. Ob man sich also für FH, Uni oder private Hochschule entscheiden möchte, ist eine persönliche Entscheidung. Die Ausbildung an Unis legt in der Regel mehr Wert auf theoretische Fundierung und ist nicht ganz so praxisnah wie an den FHs und privaten Hochschulen. Private Hochschulen kooperieren nicht selten mit bestimmten Unternehmen und dies kann bedeuten, dass die Studieninhalte auch speziell darauf zugeschnitten sind.

Es gibt aber durchaus Berufsbereiche, wie beispielsweise Tontechnik, für die kaum oder gar keine staatlichen Hochschulen vorhanden sind. Daher werden in solchen Bereichen natürlich die Bewerber von privaten Hochschulen bevorzugt angenommen.

Bei Medienbetrieben, die einen regionalen Bezug haben, z. B. regionale Radiosender, Tageszeitungen etc. werden gerne Bewerber aus der Region aufgenommen. Dort arbeiten häufig auch bereits viele Mitarbeiter, die aus der Region kommen. Allerdings ist dies keinesfalls ein Ausschlusskriterium. Aber man verspricht sich einen schnelleren Einstieg, wenn jemand bereits seine Umgebung kennt.

Sie müssen auch keine Angst haben, wenn sie herausfinden, dass die Hochschule, an der sie studiert haben, in der Fachwelt nicht so bekannt ist. Wenn die Hochschule, an der man studiert hat, einen guten Ruf in der freien Wirtschaft hat, dann hat dies nur für das eine oder andere Medienunternehmen Relevanz, aber nicht für alle. Dort wo man darauf schaut, hat man verständlicherweise bei Bewerbungen zumindest zunächst bessere Karten. Allerdings können Bewerber – und dies gilt auch für diejenigen, die nicht an bekannten Hochschulen studiert haben – mit praktischer Erfahrung durch Praktika und betriebliche Praxis punkten.

Haben Studienabsolventen mit Auslandserfahrung tatsächlich bessere (Start-)Chancen im Berufsleben?

Nach Absicht der Politiker und Bildungsplaner sind die neuen Bachelor- und Masterstudiengänge klar auf eine Internationalisierung ausgelegt. Ziel ist nicht zuletzt die Mobilität der Studierenden. Dies ist oftmals mit der Anforderung an die Studierenden verbunden, auch Auslandserfahrung in Form von Auslandssemestern oder Auslandspraktika zu machen.

Wie bereits erwähnt, sind die Bachelor- und Masterstudiengänge in der freien Wirtschaft – und dazu zählt auch die Medienbranche – noch nicht sehr bekannt und damit wohl auch nicht die Vorteile, die damit verbunden sind. Wir haben daher eine Reihe von Medienunternehmen zu ihrer Einstellung in Bezug auf das Bewerbungskriterium „Auslandserfahrung" befragt. Es zeigte sich, dass die meisten Unternehmen aus der Medienbranche, die wir befragt haben, Auslandserfahrung nicht als wichtiges Auswahlkriterium für eine Einstellung bewerten. Fehlende Auslandserfahrung ist kein Hindernis und wird in Bezug auf die Qualifikation der Bewerberin bzw. des Bewerbers ganz klar als weniger bedeutend gewertet als fehlende Praxiserfahrung durch Praktika.

Zwar ist fehlende Auslandserfahrung kein Einstellungshindernis, dennoch kann sie aber indirekt ein klarer Minuspunkt sein. Wichtig ist dabei weniger die Tatsache des Auslandsaufenthaltes als die Tatsache, dass sich jemand mit einer anderen Umgebung, einer anderen Kultur auseinandergesetzt hat. Ein Pluspunkt bekommt dabei vor allem das englischsprachige Ausland, denn manchmal werden Englischkenntnisse beim Bewerbungsgespräch geprüft und ein Teil des Gespräches in englischer Sprache geführt. Wer im Ausland war und deshalb die Fremdsprache gut beherrscht ist daher klar im Vorteil.

Man kann also sagen, Auslandserfahrung kann wichtig sein. Sie ist aber nicht unabdingbare Voraussetzung, um einen Job in der Medienbranche zu ergattern. Wichtig ist sie lediglich für Unternehmen, die international agieren.

Was passiert mit meiner Bewerbung, wenn der Lebenslauf nicht ganz schlüssig ist?

Die Hochschule darf man wechseln. Allerdings muss man bei einem Bewerbungsgespräch darauf gefasst sein, dass dezidiert nach den Gründen gefragt wird. Dies gilt für den Wechsel vor einem Abschluss, also beispielsweise während des Bachelorstudiums. Ein Hochschulwechsel nach dem Abschluss, also nach dem Bachelorabschluss ist dagegen durchaus möglich und gut zu begründen. Weil man beispielsweise in eine bestimmte Richtung gehen und sich weiter spezialisieren möchte, was an der Ausgangshochschule nicht möglich ist. Es sind sicherlich auch andere individuelle Gründe für einen gut begründeten Wechsel denkbar.

Einen weit höheren Erklärungsbedarf als ein Hochschulwechsel haben andere Lücken im Lebenslauf. Dies ist in der Medienbranche nicht anders als anderswo. Man muss bei einem Bewerbungsgespräch darauf eingestellt sein, dass danach gefragt wird, um herauszufinden, welche Gründe dahinter stecken.

Haben auch Quereinsteiger in der Medienbranche eine Chance?

In der Medienbranche gibt es viele Quereinsteiger. Die meisten sind über Praktika in die Medienbranche eingestiegen und haben sich auf diese Weise an den jeweiligen Beruf herangearbeitet. Wenn Quereinsteiger eine Chance haben wollen, dann müssen sie aber in jedem Fall genügend Praxiserfahrung mitbringen.

Allerdings sehen die Personalverantwortlichen die Chancen dafür heute nicht mehr so sehr gegeben. Denn es gibt viele Bewerber, die auf direktem Weg den Einstieg in die Medienbranche suchen. Außerdem hat auch das Studienangebot an Medienstudiengängen in den letzten Jahren deutlich zugenommen und auch dadurch wird die Konkurrenz durch „geradlinige" Ausbildungen deutlich erhöht.

Aus Hochschulsicht gibt es aber durchaus gute Möglichkeiten für Quereinsteiger, die bisherige Berufs- oder Studienrichtung zu korrigieren oder zu erweitern. Viele Fachhochschulstudierende haben vorher einen Ausbildungsberuf abgeschlossen und anschließend ein Studium begonnen. Man muss sich hier umsehen und erkundigen, welche FH-Studiengänge in Frage kommen und die bisherige Ausbildung vielleicht sogar als Pluspunkt für die Zulassung oder als Anerkennung von Praktika einstufen.

Wenn Sie bereits ein Studium abgeschlossen haben und vielleicht schon im Beruf stehen, dann bietet sich eine andere Möglichkeit der Veränderung über einen nicht-konsekutiven Masterstudiengang (siehe Abschn. 3.3). Aber hier kommt es sicherlich darauf an, wie gravierend der Wechsel, d. h. der Unterschied zwischen den beiden Bereichen ist.

In jedem Falle gilt, wer als Quereinsteiger in die Medienbranche wechseln möchte, sollte durch Praktika, Volontariate oder Nebenjobs soviel Praxiserfahrung wie möglich sammeln. Erstens ist dies für die späteren Arbeitgeber ein unabdingbares Kriterium, um jemanden einzustellen. Und zweitens kann man besser einschätzen, ob die eigenen Kenntnisse und Fähigkeiten für den Berufswunsch wirklich ausreichend sind.

Allerdings gibt es auch Berufsfelder, beispielsweise in Redaktionen, wo die Mitarbeiter häufig ein medienfremdes Studium absolviert haben (geeignet für das jeweilige Ressort, in dem sie arbeiten, z. B. ein Wirtschaftswissenschaftliches und Politikwissenschaftliches Studium für das Wirtschaftsressort) und sich zusätzlich bzw. anschließend über ein Volontariat bzw. eine Journalistenschule für den Redakteursberuf qualifiziert haben.

Was passiert bei längeren Berufspausen?

Wer einige Zeit im Beruf ausgesetzt hat, aussetzen wird oder aussetzen möchte, wird sich fragen, ob sie oder er wieder problemlos in den Beruf zurückkehren kann. In der Medienbranche ist dies schwierig.

Wer bereits in der Medienbranche gearbeitet hat und aus irgendwelchen Gründen (z. B. Babypause) eine längere Pause gemacht hat, wird Schwierigkeiten haben, wieder einzusteigen. Die schnelllebige Branche lässt längere Pausen (z. B. von mehreren Jahren) nicht zu. Im Medienbereich ist ein gut funktionierendes Netzwerk wichtig. Man sollte deshalb also besser nicht ganz aufhören, sondern lieber ein paar Stunden in der Woche weiterarbeiten, um am Mediengeschehen dranzubleiben. Wenn dies nicht möglich ist, dann sollte man zumindest Kontakte pflegen und sich bei Events sehen lassen.

5.2 Wie soll ich mich bewerben?

Heutzutage kann man seine Bewerbung per Post oder online per E-Mail wegschicken. Ob das traditionelle Verfahren per Post oder eine Online-Bewerbung bevorzugt wird, ist unterschiedlich. Manchmal besteht die Angst, dass bei Online-Bewerbungen Daten verloren gehen oder versehentlich etwas gelöscht wird. Urkunden, Kopien von Zeugnissen oder handschriftliche Papiere (Schriftproben, unterschriebene Anschreiben) sollten nicht per E-Mail verschickt werden. Man sollte sich deshalb vorher erkundigen. Andere Unternehmen hingegen, die vielleicht ohnehin im Berufsalltag vorwiegend digitale Medien benutzen, bevorzugen Online-Bewerbungen sogar.

Die Vertreter aus den Personalabteilungen der Medienunternehmen sind sich in einem Punkt einig: An den Bewerbungsunterlagen kann man die Professionalität erkennen. Es gibt hierfür verschiedene Kriterien. Dazu gehört erstens, welche Formulierungen jemand in seinem Anschreiben wählt. Ein vorformuliertes Anschreiben, das beispielsweise in einem Bewerbertraining verfasst wurde, wird schnell erkannt und ist nicht mehr wirklich aussagekräftig. Ein Anschreiben sollte deutlich machen, warum sich der Bewerber für die ausgeschriebene Stelle interessiert. Dazu gehört zweitens auch, dass jemand auf die ausgeschriebene Stelle Bezug nimmt und damit nicht den Eindruck erweckt, dass sie oder er sich „nur mal so irgendwo bewirbt“.

Eine gute Bewerbung überzeugt durch ihre Vollständigkeit und den Aufbau. Gute Bewerbungen überzeugen häufig auch damit, dass sie anders aussehen als die anderen. Beispiele für solche Besonderheiten, die die Personalverantwortlichen nennen, sind auf CD gebrannte Bewerbungen oder andere interessante mediale Präsentationen. Die Aufmachung der Bewerbung sollte in jedem Fall für die Stelle angemessen sein. Vor allem für eine kreative Tätigkeit werden ausgefallen aufgemachte Bewerbungen bevorzugt. Ausgefallene und pfiffige Bewerbungen ragen aus der Masse heraus und werden deshalb normalerweise berücksichtigt.

Ein lückenloser Lebenslauf ist wichtig und eine schlüssige Strategie im Hinblick auf die berufliche Zielstellung. Die kann man beispielsweise durch eine bestimmte Schwerpunktsetzung im Studium oder durch Praktika zeigen.

Arbeitsproben sollte man auch immer beilegen, um zu präsentieren, was man gemacht hat.

5.3 Das Bewerbungsgespräch

Wenn Sie als Bewerber zu einem Vorstellungsgespräch eingeladen werden, dann haben Sie die erste Hürde bereits geschafft. Denn jemand hat Sie für geeignet für die Stelle gehalten. Sie haben also eine reelle Chance, die Sie nutzen sollten.

Es heißt nun, sich gut auf das Bewerbungsgespräch vorzubereiten. Rechnen Sie damit, dass Sie mit spezifischen Fragen auf ihre persönliche Kompetenz getestet werden. Solche Fragen können sein:

- Gab es Situationen, in denen Sie höchsten Arbeitseinsatz zeigen mussten?
- Welchen Belastungen sind Sie ausgesetzt und wie gehen Sie damit um?
- Welche Situationen hatten Sie, die Sie mit Eigeninitiative bewältigt haben?
- Welche Konflikte haben Sie derzeit und welchen gehen Sie aus dem Weg?
- Arbeiten Sie gerne im Team?
- Wie gewinnen Sie Kontakt zu Kollegen?

- Wie planen Sie Ihren Arbeitsalltag? (Diese Frage ist wichtig für Organisation und Zeitmanagement)
- Wie stellen Sie fehlerfreies Arbeiten sicher?

◙

Beantworten Sie den Fragenkatalog zu Hause in Ruhe. Überlegen Sie was Sie dazu sagen können. Schreiben Sie Ihre Texte nieder und üben Sie auch den Vortrag.

Natürlich sind die Fragen immer auch abhängig von der ausgeschriebenen Stelle. Eines gilt aber generell immer: Es wird geprüft, ob die Person ins Team passt und ob sie den Anforderungen der Stelle überhaupt gerecht werden kann.

Wenn Sie die Möglichkeit haben, zu dem Gesprächstermin noch zusätzliche Arbeitsproben mitzubringen, dann sollten Sie diese Gelegenheit nutzen. Denn damit können Sie am besten zeigen, was Sie können.

Denken Sie auch daran, dass Sie auch Fähigkeiten und Tätigkeiten darstellen können, die nicht direkt mit der ausgeschriebenen Stelle zu tun haben. Eine zusätzliche Qualifikation könnte ein Ehrenamt im Verein sein. Ein Vorstandsamt im Verein zeigt, dass die Person Führungsqualitäten hat und soziale Verantwortung übernehmen kann. Unternehmen berücksichtigen auch sehr gerne Bewerber, die ein kulturelles Engagement zeigen und kulturell aufgeschlossen sind. Damit zeigt man, dass man vielseitig interessiert ist.

6 Stellungnahmen von Medienunternehmen

Um Ihnen einen kleinen Einblick in die Erwartungen der Medienwelt an Bewerberinnen und Bewerber zu geben, haben wir bei Medienunternehmen eine Befragung durchgeführt.[1] Im Folgenden geben wir Ihnen einen zusammenfassenden Überblick über die interessantesten Antworten. Da die teilnehmenden Medienunternehmen verständlicher Weise nicht genannt werden wollten, haben wir die Antworten anonymisiert. Die befragten Unternehmen befinden sich über das Bundesgebiet verstreut und vorwiegend in oder zumindest im Einzugsgebiet von deutschen Großstädten.

Um eine Vergleichbarkeit der Fragen und Antworten zu ermöglichen, haben wir den Personalverantwortlichen der Unternehmen einen Fragebogen vorgelegt, den die Interviewten je nach eigenem Dafürhalten entweder zu den einzelnen Unterfragen oder als eigenständige Erläuterungen beantwortet haben.

Frage 1: Welche akademischen Qualifizierungen sind für Einsteiger wichtig?

1.1 Wird zwischen Bewerbern mit verschiedenen Abschlüssen (Diplom, Master, Bachelor) unterschieden? Welcher Abschluss wird bevorzugt?

[1] Für die Durchführung der Befragung bedanke ich mich herzlich bei den Medienautorinnen Nina Kathrin Kunz und Alexandra Steinert.

1.2 Werden Abschlüsse an Uni, FH oder an privaten Hochschulen unterschiedlich bewertet?
1.3 Ist der Name oder die Reputation der Hochschule ein Kriterium für die Einstellung eines Bewerbers?
1.4 Ist es Ihnen wichtig, dass Sie die Hochschule kennen, an der ein Bewerber studiert hat? Möglicher Grund: Ihnen sagt die Programmatik der Hochschule zu?
1.5 Stellen Sie bevorzugt Bewerber aus der Region ein?

Frage 2: Gibt es Maßnahmen, die man als Student schon vorbereitend für den Beruf außer dem Studium ergreifen kann?

2.1 Wie ist ein Hochschulwechsel oder Studienfachwechsel während des Studiums zu bewerten?
2.2 Sind Praktika oder eine vorherige freie Mitarbeit entscheidend für den Einstieg?
2.3 Viele Studenten machen Auslandserfahrungen, wie schätzen Sie das ein, im Hinblick auf die Arbeit in der Medienwelt?
2.4 Achten Sie darauf, ob jemand während seines Studiums Aushilfsjobs gemacht hat, um sein Studium zu finanzieren? Macht das auf Arbeitseifer oder Flexibilität aufmerksam?
2.5 Kann ein Bewerber den Einstieg auch ohne Praktikumserfahrung oder Auslandsaufenthalt schaffen?
2.6 Wie reagieren Sie auf Zeitlücken im Lebenslauf eines Bewerbers? Fällt ein unvollständiger Lebenslauf negativ auf?

Frage 3: Nach welchen Kriterien werden interessante Bewerber ausgewählt?

3.1 Bevorzugen Sie eine Bewerbung per Post oder eine Online-Bewerbung?
3.2 Kann man an den Bewerbungsunterlagen die Professionalität oder andere Eigenschaften des Bewerbers erkennen?
3.3 Wie überzeugt eine gute Bewerbung?
3.4 Portfolio oder Abschluss? Oder eine Mischung aus beiden, worauf kommt es an?

3.5 In Medienberufen wird viel kreatives Potential verlangt. Wie macht sich Kreativität bei einem Bewerber bemerkbar?
3.6 Wie werden bei einem Bewerber die sozialen Kompetenzen getestet?
3.7 Welche zusätzlichen Qualifizierungen (außer Diplom etc.) muss ein Bewerber mitbringen? Viel Erfahrung durch Praktika, gute Noten im Studium/Ausbildung, eher soziale Kompetenzen?

Frage 4: Welche Möglichkeiten gibt es für Quer- oder Wiedereinsteiger in der Medienbranche?

4.1 Sind längere Pausen in der Medienwelt von Nachteil?
4.2 Wie beurteilt man Bewerber, die medienfremde Fächer studiert haben, im Gegensatz zu Bewerbern, die Medienberufe studiert haben?
4.3 Ist eine Karriere ohne Studium möglich?

Frage 5: Wie ist die momentane Situation auf dem Medienmarkt und wie sieht eine Prognose aus?

5.1 Wie viele Leute bewerben sich auf einen Arbeitsplatz?
5.2 Muss man den Gedanken an einen einigermaßen sicheren Job und angemessenes Einkommen begraben, wenn man in einem Medienunternehmen arbeiten möchte?
5.3 Wie sehen die Möglichkeiten aus, als fester Freier Mitarbeiter bei Ihnen zu arbeiten?
5.4 Wie wird sich der Bedarf an medienkompetenten Mitarbeitern in den einzelnen Medien entwickeln?

Die zusammengefassten Antworten aus den Personalabteilungen der befragten Medienunternehmen werden im Folgenden aufgeführt.

[Unternehmen: Entwicklung und Produktion interaktiver Online-, Multimedia und Print-Kommunikationslösungen]

Zu Frage 1

1.1: Kein Unterschied.
1.2: Kein Unterschied.
1.3: Kein Unterschied.
1.4: Kein Unterschied.
1.5: Nein.

Zu Frage 2

2.1: Im Medien- bzw. Kreativ-Bereich ist dies sicher nicht so nachteilig.
2.2: Ja
2.3: Wir agieren nur national, daher spielt das für uns keine Rolle.
2.4: Ja, aber es müssen ja nicht irgendwelche Jobs sein, gut wären auch branchenverwandte Tätigkeiten.
2.5: Ja, viel wichtiger als Praktika sind gute und zahlreiche Arbeitsbeispiele/Projektbeispiele.
2.6: Fällt nicht negativ auf.

Zu Frage 3

3.1: Online.
3.2: Ja, an den Referenzen/Projektbeispielen und am Inhalt des Anschreibens.
3.3: Durch gute Arbeitsbeispiele und ein Anschreiben, aus dem hervorgeht, dass der Bewerber sich gezielt bei uns und um genau diese Position bewirbt und beides auch begründet. Die Berufswahl darf nicht blauäugig erscheinen.
3.4: Portfolio.
3.5: Lässt sich auf die Schnelle nicht beantworten, ist zu umfangreich.
3.6: Nicht systematisch, sondern anhand der normalen Gesprächsführung.

3.7: Arbeitsbeispiele ... ich kann das nur wiederholen, denn dies ist der wichtigste Punkt bei uns.

Zu Frage 4

4.1: –

4.2: Anhand ihrer Berufserfahrung, ihres persönlichen Auftretens und der Arbeitsbeispiele.

4.3: Ja

Zu Frage 5

5.1: Wir bieten keine Festanstellung an, sondern suchen nur hin und wieder neue selbständige Medienschaffende zur Ergänzung unserer Arbeitsgemeinschaft. Hier ist es aber so, dass sich ca. 50 Leute in 6 Wochen pro ausgeschriebene Stelle bewerben. Wir suchen aber immer Leute mit 5- bis 6-jähriger Berufserfahrung und allein das verringert die Bewerberanzahl schon sehr.

5.2: Nein, aber es erfordert überdurchschnittliches Engagement, zeitliche Flexibilität und die Fähigkeit und den Willen, sich in verschiedenste Bereiche selbständig denkend einzuarbeiten.

5.3: Schlecht, da wir ein festes Team haben und zudem noch einen festen Kreis zusätzlicher Leute, die bei Auftragsüberhang oder für Spezialbereiche zugebucht werden. Wir sind nicht auf Wachstumskurs und vergrößern unser Team lediglich in Puncto Spezialbereiche, aber nicht zur Ergänzung bestehender Aufgabenfelder.

5.4: Unser Bereich ist die Konzeption, Gestaltung und Umsetzung von Print- und elektronischen Kommunikationsmedien. In beidem ist sicher kein Boom zu erwarten, sondern die Mitarbeiternachfrage wird eventuell proportional zur Entwicklung des allgemeinen deutschen Arbeitsmarktes stattfinden.

[Agentur für neue Medien]

Zu Frage 1

1.1: Nein, keiner (Praxisbeispiele bzw. praktische Arbeiten zumeist ausschlaggebend).
1.2: Nein.
1.3: Teilweise, wenn die Hochschule bekannt ist.
1.4: Ja, z. B. Anzahl der Praxissemester, Lehrplan.
1.5: Nein.

Zu Frage 2

2.1: keine Bewertung.
2.2: Ja, sehr.
2.3: Generell positiv, allerdings nicht ausschlaggebend.
2.4: Nein.
2.5: Nicht in unserem Geschäftsfeld bzw. ist das eher schwierig.
2.6: Nachfragen, ein Lebenslauf sollte vollständig sein.

Zu Frage 3

3.1: Online.
3.2: Ja, zumindest als Indikator.
3.3: Sorgt für einen positiven Ersteindruck.
3.4: In erster Linie auf das Portfolio, beim Abschluss ist neben der Note in der Regel die Diplomarbeit bzw. das Thema interessant.
3.5: Praxisbeispiele oder Studienarbeiten bzw. Projekte.
3.6: Lässt sich in einem Interview eher schwer testen. Fragen nach privaten und beruflichen Interessen und Zielen, Nebenjobs, Erfahrungen in Praxissemestern, eigene Einschätzung, etc.
3.7: Möglichst viel Praxiserfahrung.

Zu Frage 4

4.1: Ja, es sei denn, Entwicklungen wurden aus privatem Interesse mitverfolgt.
4.2: Sind für die meisten Positionen nicht geeignet (Ausnahme sind beispielsweise Fachautoren).
4.3: Ja, es zählt hauptsächlich die Praxis. Allerdings sollte auch die Ausbildung fachnah sein.

Zu Frage 5

5.1: Kann so pauschal nicht beantwortet werden. Das Bewerberaufkommen hat sich allerdings in den letzten 4 Jahren vervielfacht.
5.2: Das hängt stark vom jeweiligen Unternehmen ab. Allerdings ist die Konkurrenzsituation in dieser Branche erheblich.
5.3: Eher schwierig, da ein fester Stamm schon vorhanden ist.
5.4: Schwierig einzuschätzen, da mit dem sicherlich steigenden Bedarf auch die Anzahl der entsprechend ausgebildeten Personen steigen wird bzw. schon stark angestiegen ist.

[Unternehmen aus dem Bereich der Audiogestaltung]

Zu Frage 1

Studienabschluss an sich ist wichtig – es geht mehr um das Fach als um das Haus an dem studiert wurde. Die Fertigkeiten des Bewerbers sind wichtig – an welcher Hochschule studiert wurde, hat dabei gar keine Aussagekraft. Wir stellen nicht nach geografischen Aspekten ein.

Zu Frage 2

Spielt alles keine Rolle – die Personen an sich sind wichtig und die Fähigkeiten. Das wird über eine „Einstiegszeit" (keine Probezeit) – sondern eine Art von interner Ausbildung (Trainee Programm) festgestellt. Wir suchen uns durch Beobachtung Leute aus – auf Bewerbungen reagieren wir fast nie.

Zu Frage 3

Teamfähigkeit und Entwicklungspotential sind das Wichtigste. Keiner muss schon alles können, aber wer nicht im Team spielen kann und eine „Diva“ ist, der kann noch so gut sein, wir werden ihn auf Dauer nicht beschäftigen. Kreative Arbeit muss strukturierbar sein - entsprechend ist die Fähigkeit, sich in ein System einzufügen, wichtig.

Zu Frage 4

Alles kein Problem - Karriere ohne Studium ist schwieriger aber möglich.

Zu Frage 5

Wir haben gar keine festen Mitarbeiter. Wir sind ein Verbund von freien Mitarbeitern, die über die „Zentrale“ mit Aufträgen versorgt werden. Alle Mitarbeiter haben eine auf ein bis zwei Jahre gesicherte Zukunft - darauf wird bei der Auswahl der Aufträge geachtet. Das Einkommen ist leistungsabhängig - kann dadurch sehr ordentlich sein. Es bewerben sich stetig Leute auch ohne Ausschreibung - deswegen ist die Anzahl pro Arbeitsplatz nicht zu beantworten.

[Unternehmen: Konzeption und Umsetzung von innovativen Kommunikationslösungen für Internet, CD-ROM, DVD, Video und TV]

Zu Frage 1

1.1: Ich habe bisher nur einmal Dipl.-Ing. eingestellt.
1.2: Nein. Letztendlich kommt es auf die Persönlichkeit an.
1.3: Nein.
1.4: Nein.
1.5: Ja.

Zu Frage 2

2.1: Nicht kritisch.
2.2: Ja.
2.3: Egal.
2.4: Ja.
2.5: Nein.
2.6: Ja.

Zu Frage 3

3.1: Post. Aber nicht als Blindbewerbung.
3.2: Ja.
3.3: Macht neugierig auf den ersten Blick.
3.4: Portfolio ist wichtiger.
3.5: Ideenreichtum.
3.6: Sympathie.
3.7: Praktische Erfahrung.

Zu Frage 4

4.1: Nachteilig.
4.2: Schlechter.
4.3: Schon, aber schwieriger.

Zu Frage 5

5.1: Auf Praktikumsplätze bewerben sich in der Regel 4–5 Bewerber.
5.2: Leider häufig schon. Die Preise, die der Designunternehmer (= Arbeitgeber) erzielt, sind aktuell sehr niedrig.
5.3: Ungern. Fest frei oder angestellt.
5.4: Es gibt meines Erachtens nach genug.

[Unternehmen: Grafikdesign]

Zu Frage 1

1.1: Nein.
1.2: Nein.
1.3: Hier eher nicht.
1.4: Egal.
1.5: Nein.

Zu Frage 2

2.1: Sehr negativ.
2.2: Sehr wichtig.
2.3: Es ist wichtig, in welchem Bereich man arbeitet. Als Grafiker braucht man keine Auslandserfahrungen, wogegen man im Eventmanagement diese Erfahrungen braucht.
2.4: Auf jeden Fall.
2.5: Ja.
2.6: Fällt schon negativ auf.

Zu Frage 3

3.1: Beides.
3.2: Ja.
3.3: Die Gestaltung, Rechtschreibung und der Inhalt.
3.4: Nur mit Portfolio ist schwierig. Besser ist da eine Mischung aus beidem.
3.5: Das ist ganz schwer zu sagen und ist eher an Arbeitsproben festzumachen.
3.6: Bei uns ist Teamarbeit sehr wichtig und da werden Fragen sicherlich in diese Richtung gehen.
3.7: Soziale Kompetenzen.

Zu Frage 4

4.1: Auf jeden Fall von Nachteil, weil derjenige einfach nicht mehr im Job drin ist.
4.2: Schlechter.
4.3: Schon, aber schwieriger. Die Konkurrenz ist sehr groß, so dass die mit einem Abschluss eher bevorzugt werden.

Zu Frage 5

5.1: Initiativ bewerben sich bei uns 10 im Monat und auf Stellenausschreibungen kann ich jetzt nicht so sagen.
5.2: Nein.
5.3: Ziemlich gut sogar, weil in solchen Agenturen viele freie Mitarbeiter arbeiten, aber jetzt in wieweit fest ist projektabhängig.
5.4: Er wird eher steigen.

[Agentur für Kommunikation]

Zu Frage 1

1.1: Bei uns spielt das keine Rolle. Natürlich wird jemand mit Abschluss eher bevorzugt als „nur" mit einer Ausbildung.
1.2: Natürlich wirkt sich das aufs Gehalt aus, aber prinzipiell von der Qualifikation her, spielt das keine Rolle.
1.3: Definitiv nicht.
1.4: Nein.
1.5: Bei uns kommen 50% aus der Region, der andere Rest aus ganz Deutschland, legen aber da keinen gesteigerten Wert drauf.

Zu Frage 2

2.1: Es kommt drauf an, was das für ein Wechsel war. Ist das so ein gravierender Wechsel von Maschinenbau zu Werbung oder ob es im gleichen Bereich bleibt.

2.2: Praktika sind durchaus von Vorteil. Das zeigt das Interesse zum Beruf an sich.
2.3: Ja.
2.4: Ja, auf jeden Fall.
2.5: Ja.
2.6: Fällt schon negativ auf. Ein Lebenslauf sollte lückenlos dargestellt sein. Wenn zwei Jahre unterschlagen werden, fällt das natürlich auf.

Zu Frage 3

3.1: Mittlerweile kommt der Großteil praktisch online. Beides wäre in Ordnung.
3.2: Definitiv. Man erkennt ganz deutlich, wie viel Mühe sich ein Bewerber gegeben hat. Vollständigkeit der Zeugnisse, gerade beim Anschreiben merkt man auch, ist das hier Standard oder schon personalisiert.
3.3: Eine gute Gestaltung. Der Stil des Anschreibens. Klare und lückenlose Darstellung des Lebenslaufs.
3.4: Eine Mischung aus beidem.
3.5: Kreativität würde ich an den Bewerbungsunterlagen festmachen.

Zu Frage 4

Wurde nicht beantwortet.

Zu Frage 5

5.1: Kann ich jetzt so nicht sagen.
5.2: Nein. Der Markt vor allem im Bereich Print erholt sich langsam wieder.
5.3: Eigentlich haben wir einen Pool an freien Mitarbeitern, auf die wir dann immer wieder zurückgreifen.
5.4: Schwierig zu sagen. Aber in Zeitschriften wie HORIZONT kann man das aktuelle Geschehen verfolgen.

[Großer Zeitschriften- und Medienverlag]

Zu Frage 1

1.1: Neutral.
1.2: Neutral.
1.3: Kann hilfreich sein.
1.4: Kann hilfreich sein.
1.5: Ja, ist aber stellenabhängig.

Zu Frage 2

2.1: Neutral.
2.2: Sehr hilfreich.
2.3: Sehr hilfreich.
2.4: Sehr hilfreich.
2.5: Durchaus ja, ist aber stellenabhänig.

Zu Frage 3

3.1: Beides.
3.2: Ja.
3.3: Durch Individualität bezüglich der offenen Stelle (Was habe ich zu bieten? Warum gerade mich einstellen?).
3.4: Beides.
3.5: Nachweise gegebenenfalls durch Arbeitsproben.
3.6: Problemlösungsverhalten, Fallstudien.
3.7: Alles ja, er muss aber auch ins Team passen und bereit sein, sich in Veränderungsprozessen zurecht zu finden.

Zu Frage 4

4.1: Kommt auf die Tätigkeit und Dauer und Grund der „Abstinenz“ an.
4.2: Neutral, ist aber stellenabhängig. In Einzelfällen ist ein medienfremdes Studium sogar Voraussetzung (zum Beispiel beim Fachredakteur).

4.3: Durchaus, heute allerdings schwieriger als in der Vergangenheit.

Zu Frage 5

5.1: Ist ausschließlich stellenabhängig.
5.2: Das gilt heute nicht nur für die Medienbranche.
5.3: Die Möglichkeit besteht, allerdings für in der Regel berufserfahrene Mitarbeiter, Einsteiger absolvieren Praktika.
5.4: Zunehmen bei online, bei Print eher Stagnation.

[Privater Radiosender]

Zu Frage 1

Momentan gibt es noch keine Unterscheidungen zwischen Diplom, Master und Bachelor. In der betrieblichen Praxis sind die Unterschiede noch nicht bekannt, daher wird auch kein Abschluss bevorzugt. Wenn sich diese Abschlüsse eingebürgert haben und man mehr Erfahrungen damit hat, wird der Master Vorrang haben. Das ist aber abhängig von der Stelle, die zu besetzen ist.

Generell werden keine Unterschiede zwischen FH, Uni oder privater Hochschule gemacht. Aber in technischen Bereichen, wie Tontechnik, gibt es kaum staatliche Hochschulen und daher werden die Bewerber von privaten Institutionen bevorzugt angenommen.

Es spielt eine wichtige Rolle, welchen Ruf die Hochschule in der Industrie hat. Es werden dennoch Bewerber angenommen, die an nicht bekannten Hochschulen studiert haben. Zwischen Fachhochschule und Uni wird aber nicht unterschieden. Wichtig sind die betriebliche Praxis und viel praktische Erfahrungen durch Praktika.

Bei unserem Sender werden Bewerber aus der Region bevorzugt, wenn sich aber gute Bewerber vorstellen, die nicht aus der Region sind, werden diese auch aufgenommen. Die meisten Bewerbungen aber kommen aus dieser Region.

Zu Frage 2

Ein Hochschulwechsel wird nicht besonders beurteilt, es würde nur dezidiert nachgefragt. Ein Fächerwechsel wird als Nachteil ausgelegt, weil der Bewerber offensichtlich nicht weiß, was er will. Er hat kein Ziel vor Augen. Ein solcher Wechsel müsste schon sehr gut begründet sein.

Freie Mitarbeit ist bei unserem Sender für Studierende nicht möglich, weil die freien Mitarbeiter Unternehmer sein müssen. Praktikanten werden gerne aufgenommen und es ist auch wichtig, sich über Praxiserfahrung während des Studiums weiterzubilden. Wenn sich eine Person besonders gut eignet, könnte man auch ein Volontariat (24 Monate) anschließen, um in die Redaktion zu gelangen.

Auslandserfahrung ist beim regionalen Hörfunksender nicht wichtig. Sollte der Bewerber aber Radioerfahrung aus anderen Ländern (USA, Australien, England) mitbringen, ist dies von Vorteil. Aber ein normaler Auslandsaufenthalt ist kein Kriterium.

Aushilfsjobs fallen sehr positiv bei der Auswahl der Bewerber auf. Berufliche Erfahrungen während des Studiums machen den Einstieg in die Arbeitswelt einfacher, egal welche Art von Aushilfsjob der Studierende getätigt hat. Mit theoretischem Hochschulwissen alleine kommt man heute bei der Vielzahl der Bewerber nicht mehr weit. Jobs sollten immer mit Zeugnissen belegt werden, das sagt etwas über Leistung und Verhalten aus. Der zukünftige Arbeitgeber könnte dann sehen, dass sich der Bewerber mit einer zusätzlichen Belastung während des Studiums auseinander gesetzt hat. Das macht auf Fleiß aufmerksam.

Tolle Noten reichen nicht, Praxis ist wichtig!

Ein Einstieg ohne Auslandsaufenthalt ist möglich, aber nicht ohne praktische Erfahrungen. Große Unternehmen rekrutieren zwar direkt von der Hochschule und qualifizieren die Mitarbeiter dann weiter, aber aus KMU- (kleine und mittlere Unternehmen) Sicht ist das nicht möglich. Dort ist nicht das Geld vorhanden, die Mitarbeiter mit Qualifizierungsmaßnahmen auf die betriebliche Praxis zu schulen.

Zeitlücken fallen bei der Lebenslaufanalyse negativ auf. Diese Lücken sollten gut begründet werden.

Es empfiehlt sich, eine ordentliche und gut strukturierte Bewerbung zu schicken, denn unvollständige werden bei der großen Anzahl an Bewerbungen schnell aussortiert. Auf eine Anzeige melden sich durchschnittlich 400–800 Bewerber, da fallen schlechte Bewerbungen gleich raus.

Initiativbewerbungen kommen auch viele rein. Die Bewerber müssen aber unter Umständen eine Weile warten, ehe eine Reaktion erfolgt.

Zu Frage 3

Die Bewerbungen per Post werden bevorzugt, und sind auch einfacher zu behandeln. Dieses Verfahren ist für den Bewerber aufwändiger. Urkunden, Kopien und Zeugnisse oder handschriftliche Papiere (Schriftproben, unterschriebenes Anschreiben) sollten nicht per E-Mail verschickt werden, sondern lieber verbindlich per Post.

An den Bewerbungsunterlagen kann man die Professionalität des Bewerbers erkennen. Man kann sehen, welche Formulierungen er in seinem Anschreiben wählt. Ein vorformuliertes Anschreiben, das in einem Bewerbertraining verfasst wurde, wird schnell erkannt und ist nicht mehr wirklich aussagekräftig. Eine gute Bewerbung überzeugt durch ihre Vollständigkeit und den Aufbau.

Ein lückenloser Lebenslauf ist wichtig und eine schlüssige berufliche Strategie und Zielsetzung. Aus der Bewerbung sollte auch hervorgehen, warum sich der Bewerber für die ausgeschriebene Stelle interessiert.

Eine entscheidende Rolle spielen Noten und gute Zeugnisse.

Fettflecken auf der Mappe und Eselsohren sowie Tippfehler sind ganz schlecht!

Für eine kreative Arbeit werden ausgefallen aufgemachte Bewerbungen bevorzugt. Tolle Beispiele, die bei unserem Radiosender eingegangen sind: eine als Schultasche aufgemachte Bewerbung, ein Bewerbungsfoto im Kopfstand! Ausgefallene und pfiffige Bewerbungen fallen in der Masse natürlich auf und werden dann eher berücksichtigt.

Wenn ein Bewerber zu einem Vorstellungsgespräch eingeladen wird, testet man ihn mit spezifischen Fragen im Hinblick auf seine persönliche Kompetenz. Das ist aber abhängig von den ausgeschriebenen Stellen. Es wird individuell geprüft, ob eine Person ins Team passt, ob sie den Anforderungen gerecht wird, die gestellt werden. Wenn der Bewerber die Möglichkeit hat, kann man auch zum Gesprächstermin noch zusätzliche Arbeitsproben mitbringen.

Eine zusätzliche Qualifikation könnte ein Ehrenamt in einem Verein sein. Ein Vorstandsamt im Verein zeigt, dass die Person Führungsqualitäten hat und soziale Verantwortung übernehmen kann. Man berücksichtigt gerne Bewerber, die ein kulturelles Engagement zeigen und kulturell aufgeschlossen sind. Damit zeigt man, dass man vielseitig interessiert ist.

Zu Frage 4

Bewerber, die eine längere Pause gemacht haben, haben es in der Medienwelt schwer. Man sollte nicht ganz aufhören, sondern lieber ein paar Stunden in der Woche weiter arbeiten, um am Mediengeschehen dran zu bleiben. Aktuell und im Trend sein, das ist entscheidend! Quereinsteiger gibt es viele aus Zeiten, in denen es noch nicht so viele Bewerber gab. Die meisten sind über Praktika in die Medien eingestiegen und haben sich so an den jeweiligen Beruf herangearbeitet. Bewerber, die aus der Praxis kommen, werden den Absolventen ohne praktische Erfahrung vorgezogen. Wesentlich für den Einstieg ist die praktische Erfahrung und sollte ein Bewerber einen Medienberuf studiert haben, kann das nur zum Vorteil sein!

Eine Karriere ist ohne Studium zwar möglich, wird aber immer seltener. Ein Studium ist auf Grund der Vielzahl der Bewerber die Basis für eine Führungsposition!

Personen, die sich nebenberuflich qualifizieren, werden eindeutig bevorzugt. Doppelbelastung, Durchhaltevermögen, Motivation und die Zielstrebigkeit werden hoch angerechnet. Diese Eigenschaften könnten dann auf das neue Berufsfeld übertragen werden. Das gilt für Bewerber mit einer Ausbildung, die während der Arbeit sich in Abendschulen weiterbilden.

Zu Frage 5

Ein Arbeitsplatz bei einem Sender wie dem unseren ist schon sicher. Manchmal werden Mitarbeiter nach ihrem Volontariat nicht übernommen, die finden aber in anderen Firmen oft Stellen.

Ansonsten bleiben fest angestellte Mitarbeiter eher für längere Zeit im Unternehmen.

In der Medienbranche entstehen viele neue Berufe, die Interesse wecken. Dadurch gibt es einige medienkompetente Mitarbeiter. Es entwickeln sich zahlreiche Unternehmen, die mit neuartigen Medien arbeiten und neue Produkte auf den Markt bringen. Diese Entwicklung schafft eine Vielzahl von Arbeitsplätzen.

In der Hörfunklandschaft ist das begrenzt, es gibt eine bestimmte Anzahl an Sendern, die x Mitarbeiter benötigen. Neue Technologien werden dort zwar in Betracht gezogen und dafür Mitarbeiter eingestellt, das hat sich allerdings noch nicht etabliert.

[Kleinerer privater Radiosender]

Zu Frage 1

1.1: Welchen Hochschulabschluss ein Bewerber hat, ist nicht relevant. Voraussetzung ist aber Abitur, und wenn man sich für ein Praktikum bewerben möchte, muss man Student sein.

1.2: Ein Abschluss an einer privaten Hochschule wird gleich wie der an einer staatlichen Hochschule bewertet.

1.3: Der Ruf der Hochschule ist nicht relevant für die Einstellung neuer Mitarbeiter.

1.4: Unser Sender ist ein regionaler Sender, bevorzugt aber nicht Bewerber aus der Region. Entscheidend ist aber, dass die Bewerber hochdeutsch sprechen, dialektische Färbungen sind nicht erwünscht.

Zu Frage 2

2.1: Notwendig ist für Studenten, die in der Medienbranche arbeiten möchten, während der Studienzeit viel Praktikumserfahrung zu machen. Nicht unbedingt immer in Unternehmen. Für den Redaktionsbereich im Radio ist ein Praktikum sehr wichtig.
2.2: Auslandserfahrung ist hierbei nicht unbedingt ein Kriterium, wird aber positiv bewertet.
2.3: Bei unserem Sender wird ein Hochschulwechsel nicht negativ bewertet. Bewerber, die unterschiedliches studiert haben, sind hier die Regel.
2.4: Die meisten Mitarbeiter sind Quereinsteiger und haben durch Praktika in verschiedenen Sendern ihr Praxiswissen erlernt. Durch Praktika haben sich die meisten Bewerber in die Medienwelt verirrt. Im Moderatorenbereich gibt es kein Studienangebot und für die Redaktion gibt es zwar Journalismus als Studium, ist aber nicht unbedingt notwendig.
2.5: Bei unserem Sender wird nicht darauf geachtet, ob ein Bewerber Aushilfsjobs während seines Studiums gemacht hat. Entscheidend ist nur das Kriterium, dass der Bewerber durch Praktika Erfahrungen in der Medienwelt gesammelt hat.
2.6: Den Einstieg in die Medienwelt kann ein Bewerber zwar ohne Auslandserfahrung schaffen, ohne Praktika jedoch nicht.
2.7: Zeitlücken sollen auf keinen Fall im Lebenslauf sein. Wenn doch, müssten sie erklärbar sein.

Zu Frage 3

Die Bewerbungsunterlagen können Online oder per Post eingehen.

Bewerbungsunterlagen sollten kreativ und frisch sein und Ideen mitbringen. An solchen besonderen Bewerbungen kann dann die Kreativität fest gemacht werden. Das sagt zwar noch nicht alles über den Bewerber aus, aber dafür ist das persönliche Interview da. Gute Bewerbungen überzeugen damit, dass sie anders aussehen als die anderen. Besonderheiten sind auf CD gebrannte Bewerbungen oder andere interessante mediale Präsentationen.

Als soziale Kompetenz wird Teamarbeit vorausgesetzt, da beim Radio ziemlich viel Teamarbeit verlangt wird.

Zu Frage 4

Unser Sender ist ein sehr junger Sender (Durchschnittsalter unter 30). Daher gibt es keine Erfahrungen mit Bewerbern, die längere Pausen in der Medienwelt hinter sich haben.

Quereinsteiger sind erwünscht, sollen aber genügend Praxiserfahrung gemacht haben. Eine Karriere ohne Studium ist nicht möglich, zumindest nicht im Moment. Und es gibt auch keine Mitarbeiter bei unserem Sender, die keinen Hochschulabschluss haben.

Zu Frage 5

Bewerbungen ausgeschrieben und initiativ: pro Jahr 100.

Ein sicherer Job ist es nicht gerade, wenn man bei einem jungen Sender arbeitet. Die meisten Mitarbeiter wechseln nach 2–4 Jahren den Sender oder suchen sich neue Jobs, da die Branche generell schnelllebig ist.

Feste freie Mitarbeiter gibt es viele bei unserem Sender. Sie arbeiten dann meistens noch an anderen Projekten mit.

Wie sich der Bedarf in der Medienbranche entwickeln wird, kann nicht genau gesagt werden. Da der Sender ziemlich jung ist, gibt es keine Vergleichsdaten und keine Werte aus vorheriger Zeit.

[Unternehmen: Medienagentur, elektronische Medien]

Zu Frage 1

Der Hochschulabschluss Bachelor, Diplom oder Master ist nicht wichtig. Die Hauptsache ist, dass während des Studiums bestimmte Schwerpunkte gesetzt wurden. Die Ausrichtung des Studiums ist wichtiger als die Art des Abschlusses.

Private oder staatliche Hochschulen werden hier nicht unterschiedlich bewertet. Auch die Reputation der Hochschule ist nicht relevant für die Einstellung neuer Mitarbeiter.

Bewerber aus der Region werden bevorzugt. Es ist eher ein Vorteil, wenn sich das Team aus gemischten Mitarbeitern zusammensetzt.

Zu Frage 2

Praktika sind sehr wichtig und das A und O im Lebenslauf. Das gilt für alle Bereiche in der Medienwelt. Freie Mitarbeit ist auch interessant, vor allem wenn man während des Studiums schon mal im selben Unternehmen gearbeitet hat, wird man bevorzugt behandelt.

Ein Hochschulwechsel wird nicht negativ bewertet, aber ein Studienfachwechsel schon.

Wenn aus der Bewerbung hervorgeht, dass der Bewerber im Ausland war, ist das von Vorteil. Bevorzugt wird der englische Sprachraum. Ansonsten wird Englisch im Auswahlgespräch getestet.

Pluspunkte bringen einem Bewerber auch Aushilfsjobs ein, mit denen er ein Studium finanziert hat. Es ist dann von Vorteil, weil der Bewerber bereits weiß, wie es im Arbeitsleben aussieht. Bei unserem Unternehmen arbeiten keine Leute, die direkt von der Hochschule kommen ohne jegliche Erfahrungen im Berufsleben. Praktika sind Voraussetzung. Bewerber schaffen auf keinen Fall den Einstieg ohne Praktika. Ohne Auslandserfahrung ist das schon denkbar, kommt aber auf den Bereich an.

Zeitlücken im Lebenslauf fallen negativ auf, aber es kommt eher darauf an, was der Bewerber bisher gemacht hat und wie die positive Tendenz im Lebenslauf ist.

Zu Frage 3

Online-Bewerbungen werden bevorzugt.

Bewerbungsunterlagen sollen in einer angemessenen Form übersichtlich aufbereitet sein.

Abschlussnoten sind nicht unbedingt ausschlaggebend. Wenn sich ein Teilbereich besonders hervorhebt, sind die restlichen Noten unwichtig.

Kreative Bewerbungen sollten im gestalterischen Bereich kunstvoll sein und keine Standardbewerbung.

Bei Bewerbungsgesprächen gibt es einen Fragenkatalog, der getestet wird. Bei Gesprächen ist immer in Mitarbeiter aus der Personalabteilung und einer aus dem Management der jeweiligen Abteilung dabei und testet die soziale Kompetenz sowie inhaltliche Dinge, die den Beruf betreffen.

Zu Frage 4

4.1: Längere Pausen sind in der Medienwelt von Nachteil für den Bewerber. Die schnelllebige Branche lässt längere Pausen nicht zu. Wichtig ist es, durchgehend in der Branche zu arbeiten. Wenn jemand also vor 15 Jahren in dem Beruf gearbeitet hat, dann eine Pause einlegt, so ist das wie wenn er gar nicht gearbeitet hat.

4.2: Fachfremde müssen Praxiserfahrung mitbringen, dann bestehen die gleichen Anstellungschancen wie für einen Bewerber, der einen Medienberuf studiert hat.

4.3: Eine Karriere ist auch ohne Studium mit viel Praxiserfahrung möglich.

Zu Frage 5

Bewerbungen ausgeschrieben und initiativ: pro Jahr 500–1000

Einstiegspositionen sind immer schlecht bezahlt, da kann man keine großen finanziellen Sprünge machen, eher in Führungspositionen, aber darauf muss man hinarbeiten.

Die Branche entwickelt sich positiv weiter und wächst. In Zukunft können immer mehr Stellen in den Medien angeboten werden.

[Filmbüro]

Zu Frage 1

1.1: Es werden keine Unterschiede gemacht, da für uns der Eindruck zählt.
1.2: Private Hochschulen werden nicht so sehr geschätzt wie „normale“ Fachhochschulen oder Unis.
1.3: Ist ein Pluspunkt, aber auch nicht alles. Man sollte sich nicht auf die Reputation der Hochschule verlassen.
1.4: Es ist völlig unwichtig, ob ich sie kenne.
1.5: Ja, auf jeden Fall. Da sie sich hier schon gesettelt haben, die Infrastruktur kennen und sich nicht erst zurechtfinden müssen, d. h. diese Bewerber sind gleich zum Arbeiten bereit.

Zu Frage 2

2.1: Wenn die Gründe nachvollziehbar sind, ist das kein Problem. Man sollte aber nicht zu oft wechseln, da dies den Eindruck vermittelt, die Person weiß nicht, was sei eigentlich will.
2.2: Engagement während des Studiums zu zeigen, ist wichtig und sehr sinnvoll. Studenten können klarer unterscheiden, in welche Richtung sie wollen bzw. welche Arbeit sie unter keinen Umständen machen möchten. Es ist also eine Pre-Selection für das spätere Berufsleben.
2.3: Kommt darauf an, in welchem Bereich man genau tätig werden möchte. Generell ist es gut, solche Erfahrungen gemacht zu haben, da es einen prägt und gut für die persönliche Entwicklung ist. Aber ich sehe es nicht als notwendig an. Viel wichtiger sind Kenntnisse über den eigenen und nationalen Medienstandort.
2.4: Wirkt sich auf jeden Fall positiv aus, da jemand zeigt, dass er mit dem Studium nicht völlig überfordert ist und nebenbei auch noch Geld verdienen kann.
2.5: Das glaube ich eher nicht bzw. muss man dann ganz „unten“ anfangen.

2.6: Ich frage nach, was in der Zeit passiert ist. Es fällt nicht unbedingt negativ auf, vielleicht steckt ja auch ein Krankheitsgrund dahinter.

Zu Frage 3

3.1: Onlinebewerbungen als PDF.
3.2: Man kann sehen, wie sich jemand mit der Firma auseinandergesetzt hat oder ob sich jemand einfach mal „wo" bewirbt. Auffällig sind oft Rechtschreibfehler und die falsche Ansprache.
3.3: Wenn sie Bezug auf aktuelle Projekte der Firma nimmt, wenn man den Eindruck hat, jemand weiß, von was er spricht und wenn er nicht maßlos übertreibt. Ein 25-jähriger kann z. B. nicht von langjähriger Erfahrung im Marketing sprechen. Das wirkt lächerlich.
3.4: Ein ausgewogene Mischung ist perfekt, da entweder nur Theorie oder nur Praxis oft nicht ausreichend sind.
3.5: In persönlichen Gesprächen wird das schon deutlich. Das ist aber eine persönliche Einschätzungssache, die einfach auf Erfahrungen des Interviewers beruht. In den Unterlagen kann Kreativität auch oft falsch verstanden werden.
3.6: Soziale Kompetenz prüft man, indem man soziale Horrorszenen schildert und schaut wie der Bewerber darauf reagiert. Man sieht dies auch an Hobbys oder sozialem Engagement des Bewerbers.
3.7: Viel Erfahrung durch Praktika, gute Noten in Studium/Ausbildung, soziale Kompetenzen und Engagement.

Zu Frage 4

4.1: Das Problem ist, ist man weg, ist man in dieser schnelllebigen Welt schnell vergessen, d. h. sollte man z. B. durch Mutterschaft aussetzen, sollte man unbedingt Kontakte pflegen und sich bei Events sehen lassen. Pausen stellen also auf jeden Fall ein Problem dar, da im Medienbereich ein gut funktionierendes Netzwerk wichtig ist.

4.2: Eigentlich erstmal genauso. Es kommt darauf an, in welchen Bereich jemand genau möchte.
4.3: In manchen Bereichen ja, in manchen nicht. Wichtig ist eine gute, überzeugende und nicht übertriebene Selbstvermarktung.

Zu Frage 5

5.1: Auf einen Praktikumsplatz 40 Bewerber.
5.2: Nein, wenn man einen gesunden Ehrgeiz hat und am Ball bleibt. Wichtig, wie gesagt, ist ein Netzwerk. Natürlich als ersten Job sollte man sich jetzt nicht an der 50 000 Euro-Marke festhalten.
5.3: Aufgrund unserer Arbeitsstruktur sehr schlecht.
5.4: Ich glaube, eher negativ. Es ist meiner Meinung nach wichtiger, Angestellte zu haben, die ein breites Wissen haben und sich nicht nur auf einem kleinen Gebiet auskennen.

[Zeitschriftenverlag]

Zu Frage 1

1.1: Bei unserem Unternehmen gibt es Einstiegschancen für Bewerber aus dem kaufmännischen, dem journalistischen Bereich sowie aus dem Grafik Design. Dabei spielt es keine Rolle, welchen Abschluss (Diplom, Bachelor, Master) ein Bewerber hat.
1.2: Alle Neueinsteiger machen entweder Trainee oder Volontariatsprogramme mit, die 18 Monate dauern.
1.3: Für Bewerber von privaten Hochschulen werden extra Informationen eingeholt und besonders auf Zeugnisse und Arbeiten geachtet.
1.4: Wichtig für eine Anstellung ist der Hochschulabschluss an sich.
1.5: Bewerber aus der Region oder von Hochschulen, die bekannt sind, werden nicht bevorzugt.

Zu Frage 2

2.1: Ein Hochschulwechsel wird nicht besonders beurteilt. Beim Fächerwechsel kommt es darauf an, ob das Fach einen Medienbezug hat. Wenn jemand nach z. B. acht Jahren sein Studienfach wechselt, ist das kritischer.

2.2: Beim Auswahlverfahren ist es entscheidend, was eine Person bisher gemacht hat. Praktika und vorherige freie Mitarbeit sind sehr wichtig für die Auswahl eines Bewerbers. Vor allem im journalistischen Bereich erhöht das die Chancen auf ein Volontariat.

2.3: Für die Besetzung von Stellen, die international sind, ist es unabdingbar, Auslandserfahrung zu haben. Von Vorteil und viel wichtiger ist dabei die Erfahrung, sich mit einem fremden Land, einer fremden Kultur, auseinanderzusetzen.

2.4: Aushilfsjobs während des Studiums, egal welche Tätigkeit, werden positiv bewertet, denn das zeigt Engagement und Erfahrung im Berufsleben.

2.5: Ohne Praktikum oder Berufserfahrung ist es eher schwer, einen Job zu bekommen, obwohl es Ausnahmen gibt. Gerade von FH-Absolventen wird das vorausgesetzt, bei Uni-Absolventen schaut man, was die sonst noch so an Tätigkeiten vorweisen können.

2.6: Ein unvollständiger Lebenslauf fällt auf und die Gründe für Lücken werden beim Auswahlgespräch erfragt. Tricks wie Jahreszahlen hinschreiben sind bereits bekannt, daher immer die genauen Daten angeben, die werden nämlich immer mit den beiliegenden Zeugnissen verglichen.

Zu Frage 3

3.1: Bei der Bewerbung kommt es in der Regel nicht auf Papier- oder Online-Bewerbung an. Doch manche Vorgesetzte verlangen ausdrücklich „Papierbewerbungen".

3.2: Gute Bewerbungen sind die, die sich direkt auf Zeitungsanzeigen beziehen und auf die Bedingungen, die dort stehen, eingehen. Wichtig ist der Bezug auf die angebotene Stelle und auf den Bereich, in diesem Fall der Verlag.

3.3: Portfolios muss man beim Verlag keine einsenden.

3.4: Abschlussnoten zählen nicht sehr viel, denn es gibt immer Ausreißer nach oben und nach unten.

3.5: Soziale Kompetenzen werden nicht durch Tests geprüft, sondern entscheidend ist das Gespräch. Unser Unternehmen hat zu wenige Stellenausschreibungen, so dass sich andere Auswahlverfahren wie Assessment-Center nicht rechnen würden.

Zu Frage 4

4.1: Längere Pausen sind in der Medienwelt nicht unbedingt von Nachteil. Es kommt aber darauf an, wie der Bewerber die Zeit verbracht hat. Oftmals gibt es Quereinsteiger oder Rückkehrer, die im Verlag ihre Ausbildung gemacht haben, sich daraufhin weiterqualifizieren und dann nach Jahren zurückkommen.

4.2: Für Fachfremde gibt es spezielle Prüfungen, z. B. Schreibproben beim Journalismus, Bearbeiten von Fallstudien bei BWL, die vom Bewerber gefordert werden. Das entscheidet sich dann aber fallabhängig.

4.3: In der Vergangenheit war es möglich, ohne Studium eine Karriere zu machen. Wie sich das in Zukunft entwickelt, hängt von den Vorgesetzten ab. Bei geburtenschwachen Jahrgängen wird man sicher wieder über solche Kriterien nachdenken, aber eigentlich gibt es auch die Chance auf dem zweiten Bildungsweg einiges zu machen.

Zu Frage 5

Bewerbungen auf Volontariat: ca. 120 Bewerbungen jährlich eher steigend. Bewerbungen auf kaufmännische Traineestelle: 300 Bewerbungen jährlich. Als Redakteur (Leute eher mit Berufserfahrung): 60 Bewerbungen. Bewerbungen im Assistenzbereich auch sehr viele.

Die Medienbranche hat schwierige Jahre hinter sich. Unser Unternehmen wächst, aber verstärkt im Ausland.

Wie sich die Medienbranche aber entwickelt, hängt davon ab, wie viele Objekte auf den Markt kommen und wie diese sich auf dem Markt auch etablieren können. Es gibt zwar Traditionsprodukte aber dennoch immer mehr neue Objekte, die vielleicht nicht lange auf dem Markt überstehen. Aber die machen auch eine Entwicklung in der Medienbranche aus.

[Regionale Tageszeitung]

Zu Frage 1

1.1: Nein.
1.2: Nein.
1.3: Nein.
1.4: Nein.
1.5: Ja.

Zu Frage 2

2.1: Uninteressant.
2.2: Ja.
2.3: Wichtig, aber nicht Voraussetzung.
2.4: Nein.
2.4: Ja.
2.5: Wird beim persönlichen Gespräch nachgefragt.

Zu Frage 3

3.1: Post.
3.2: Ja.
3.3: Positiv.
3.4: Abschluss
3.5: Kann diese Frage nicht beantworten.
3.6: –
3.7: –

Zu Frage 4

4.1: –
4.2: –
4.3: Nein.

Zu Frage 5

5.1: 10–15 Personen
5.2: Nein.
5.3: In Absprache mit verschiedenen Ressorts gut.
5.4: –

[Agentur für Interaktive Medien]

Zu Frage 1

1.1: Diplom wird bevorzugt.
1.2: Nein.
1.3: Eventuell.
1.4: Ja.
1.5: Nein.

Zu Frage 2

2.1: Kommt auf die Gründe an.
2.2: Es ist auf jeden Fall vorteilhaft.
2.3: Auslandserfahrung ist ebenfalls von Vorteil.
2.4: Ja.
2.5: Ja.
2.6: Eventuell wird nachgefragt.

Zu Frage 3

3.1: Digitale Bewerbungen sind einfacher zu speichern.
3.2: Ein Designer sollte mit seiner Bewerbung auch seine Kreativität zeigen.
3.3: Im Gesamtbild.
3.4: Eine gute Mischung aus Praxis und Theorie.
3.5: Durch Einfallsreichtum der Bewerbung.
3.6: Weiß ich nicht.
3.7: Individuell zur ausgeschriebenen Stelle.

Zu Frage 4

4.1: Ja, da sich in Programmen und Anwendungen ständig etwas ändert.
4.2: –
4.3: Ja, durch andere hervorragende Leistungen

Zu Frage 5

5.1: Je nach Jobbörse sehr viele.
5.2: Nein.
5.3: Falls eine Stelle zu vergeben ist, stehen die Chancen je nach Bewerbung gut oder schlecht.
5.4: Kompetente Leute werden immer gesucht und gebraucht.

[Unternehmen: Musiklabel]

Zu Frage 1

1.1: praxisorientierte Abschlüsse.
1.2: Nein.
1.3: Nein.
1.4: Nein.
1.5: Nein.

Zu Frage 2

2.1: Wenn es sinnvoll ist.
2.2: Praktika sehr wünschenswert.
2.3: Kann nicht schaden.
2.4: Macht sich ganz gut.
2.5: Bedingt möglich, gerade Praktikumserfahrung ist uns wichtig.
2.6: Ja.

Zu Frage 3

3.1: Beides okay.
3.2: Ja.
3.3: Alle Informationen über den Bewerber sind übersichtlich zu ersehen, nicht zu lang, nicht zu aufdringlich, aber der Enthusiasmus fürs Musikbusiness muss rüberkommen, gerade, wenn es sich um eine produktbezogene Abteilung handelt.
3.4: Beides.
3.5: Ganz unterschiedlich, schon in der Bewerbung oder erst im Gespräch, weil er viel über das Unternehmen weiß, sich gut informiert hat.
3.6: Geschickte Fragen.
3.7: Kombination aus allem, aber auch abhängig vom gewünschten Job.

Zu Frage 4

4.1: –
4.2: Kommt auf den Jobwunsch an.
4.3: Je nachdem, welche Karriere man anstrebt. Im Produktbereich sicherlich möglich, wird aber immer schwerer. Unsere Ausbildung zum Kaufmann für audiovisuelle Medien ist auch ein guter Start in eine Musik-Karriere.

Zu Frage 5

5.1: Mindestens 100, je nachdem welcher Job

5.2: Nein, gute Leistung wird immer noch gut bezahlt, auch die Sozialleistungen sind ein wichtiger Aspekt.

5.3: Es ist möglich, aber nicht mehr ein Garant für einen späteren festen Job.

5.4: Sicherlich steigend, gerade in neuen Bereichen wie e-business etc.

7

Fundstellen im Internet

Sie finden hier in erster Linie Webadressen, die hilfreich sein können, um sich weiter und detaillierter über Medienberufe, Berufsfelder und Berufswahl im Medienbereich zu informieren. Einbezogen wurden insbesondere solche Adressen, die umfangreich und von größeren Anbietern sind. Sie lassen Zuverlässigkeit vermuten und erwecken die Hoffung, dass sie regelmäßig aktualisiert werden. Die meisten Adressen enthalten auch ihrerseits wieder interessante Links. Einige der Web-Adressen und Literaturhinweise wurden bereits in den entsprechenden Kapiteln des Buches aufgeführt.

www.medienstudienfuehrer.de/studienfuehrer

Dieser Medienstudienführer bietet Wissenswertes und Profile zu über 400 Studienmöglichkeiten im Bereich Medien. Darunter sind auch Informationen zu Aufbaustudiengängen und Ausbildungen außerhalb der Hochschulen, z. B. Journalistenschulen. Zur besseren Übersicht sind die Studiengänge verschiedenen Studienrichtungen (die weitgehend denen in diesem Buch entsprechen) zugeordnet. Die Hochschulen und Institutionen haben die Möglichkeit, die Einträge regelmäßig zu aktualisieren, so dass der medienstudienfuehrer.de einigermaßen auf dem neuesten Stand ist. Die meisten Einträge haben einen direkten Link zur betreffenden Homepage des Studiengangs, so dass man dort direkt nach Ansprechpartnern, Studieninhalten, usw. recherchieren kann.

Viele Hochschulen nutzen außerdem die Möglichkeit dort News einzustellen.

www.mediencampusbayern.de/

Bayern versteht sich mit 14 000 Medienunternehmen als Topmedienstandort in Deutschland. Der MedienCampus Bayern e. V., mit seinen mittlerweile knapp 70 Mitgliedern, hat sich deshalb zur Aufgabe gemacht, die bayerische Medienaus- und Medienweiterbildung zu fördern. Dieses Portal sowie weitere spezielle Campusportale für Animation, Radio und Musik wollen einen schnellen und weiterführenden Überblick über Kursangebote bieten.

http://www.uni-essen.de/isa/

Wer arbeitsmarktorientiert die Entscheidung für ein Studienfach treffen möchte, sollte das Informationssystem Studienwahl und Arbeitsmarkt (ISA) der Universität Essen konsultieren. Dort finden Sie unter der Fächergruppe „Kultur und Medien" weitere Informationen und Links zur Arbeitsmarktforschung.

ISA ist eine Plattform, die von der Arbeitsgruppe Bildungsforschung und Bildungsplanung (Fachbereich Bildungswissenschaften der Universität Essen) betrieben wird. ISA will primär Schülern und Studierenden, aber auch Lehrenden und anderen Hochschulinteressierten überschaubare, datengestützte Informationen zur Studienwahl mit einem Blick auf Arbeitsmarktperspektiven geben.

www.studienwahl.de

Der Kernbereich Medien ist an den meisten Hochschulen selten in einzelnen Fachprofilen verankert (Ausnahmen sind Studiengänge wie Medieninformatik, Multimedia, Medienwirtschaft und vergleichbare kommunikationswissenschaftliche Studiengänge).

Eine Auflistung der aktuellen Profile bietet hier der Studien- und Berufswahlführer, der gemeinsam von der Bund-Länder-Kommission für Bildungsplanung und Forschungsförderung und der Bundesagentur für Arbeit herausgegeben wird.

www.studienfuehrer.baden-wuerttemberg.de

Das Ministerium für Wissenschaft, Forschung und Kunst und die Medien- und Filmgesellschaft Baden-Württemberg bieten auf dieser Plattform den Online-Studienführer „dotIt Studieren in Baden-Württemberg: Medien und IT".

www.aim-mia.de

AIM (Initiative Ausbildung in Medienberufen) e. V. stellt Projekte und Partner dar, gibt Einstiegsinformationen, gibt Hinweise auf Publikationen, Infobroschüren, Artikel sowie Aus- und Weiterbildungsinformationen.

http://www.nikeoehme.de/Links/ausbild.htm
http://www.br-online.de/br-intern/thema/ausbildung/redaktion_links.xml

Unter diesen beiden Webadressen finden Sie zahlreiche Links zum Thema journalistische Ausbildung.

http://www.abi-magazin.de/rubrik/schwerpunkt20050401.jsp

Eignungsverfahren, Studierfähigkeitstests, Einstellungstests: Abiturienten haben viele Möglichkeiten, sich anhand verschiedener Testverfahren auf ihren beruflichen Lebensweg vorzubereiten. abi 04/2005 stellt einige Testtypen vor und informiert über die Testverfahren der Bundesagentur für Arbeit.

www.praktika.de

Diese Website bietet sowohl Informationen für Praktikumsplatz-suchende als auch für alle, die bereits im Praktikum stehen. Gegen Bezahlung gibt es downloads von Bewerbungstipps, Online-Bewerbungstraining, Firmenadressen, eine Selbstanalyse, Tipps zur Informationssammlung über Unternehmen usw.

Sachverzeichnis